KB124687

자존감 심리학

있는 그대로 살아도 괜찮아

자존감 심리학

토니 험프리스 지음 ● 이한기 옮김

다연
초당

나는 누구의 인생을 살고 있는가?

우리는 쉽게 남을 평가하고 평가받는 데 길들여져 있다. 자존감에 상처를 입히는 품평도 쉽게 하고, 멍청하다거나 모자라다거나 굼뜨다는 평가도 서슴지 않는다. 음울하고 불안정하다거나 강박적이거나 망상적이고 편집적이라는 독설에서 공격적이고 폭력적이거나 수줍거나 소심하다는 말에 이르기까지 평가의 항목은 이루 다 말할 수 없을 정도다. 그러나 날 때부터 그런 사람은 없다. 그런데도 불구하고 사람들은 자신이나 타인의 의견으로 이러저러한 꼬리표를 붙이는 것이다.

누구나 자유롭게 자기만의 삶을 살고 싶어 하면서도 스스로를 믿지 못해 자유로운 삶을 선택하지 못한다. 우리가 스스로를 믿지 못하는 이유는 무엇일까? 머릿속에 많은 변명거리들이 떠오를 수 있다. 부모님, 직장 상사, 배우자, 자식들 때문이라고 말하고 싶은 사람도 있을 것이고, 누군가는 사회나 종교 탓을 할지도 모른다. 하지만 우리가 자유롭지 못한 것이 정말 이런 이유들 때문일까? 그렇지 않다. 다 자란 성인인 우리가 자신이 원하는 삶을 꾸려가지 못하는 이유는 대부분 자기자신 안에 있다.

어디에 살고 무엇을 느끼고 어떻게 행동하든지 간에, 부자이거나 가난하거나, 교육을 많이 받았거나 그렇지 않거나, 직업이 있거나 없거나, 기혼이거나 미혼이거나, 신을 믿거나 믿지 않거나, 몸이 건강하거나 불편하거나, 젊었거나 늙었거나, 살아 있거나 죽음을 앞두고 있거나 상관없이 우리에게는 신성하고 독창적인 자아가 있다. 그러나 안타깝게도 아주 오래전부터 진정한 자기 모습의 전부 또는 많은 부분을 장막 뒤에 숨겨왔던 것이다. 장막이란 우리의 진정한 생각, 느낌, 말, 행동을 포장하고 있는 껍데기라 할 수 있다. 진정한 나를 표현하는 면에서 얼마나 위협을 받아왔느냐에 따라 진정한 나와 대면할 수 있는 기회를 부분적으로 또는 모조리 잃어버릴 수 있다. 하지만 우리 안에는 자신에게 일어나는 모든 일들을 알고 있을 뿐 아니라 또 하나의 신성한 존재와 연결된 끈을 놓지 않는 부분이 있다. 바로 무의식이다.

　　우리는 사회적, 종교적, 정치적, 교육적인 압력으로부터, 심지어는 가족으로부터도 진정한 나를 감추는 방법을 일찌감치 익혔다. 그러한 압력이 우리를 자기들 방식으로 길들이려 하기 때문이다. 또한 나이가 들수록 이런 압력은 우리를 더욱 압박한다. 나이가 많든 적든 우리의 의지를 억압하는 압력은 진정한 자아를 둘러싸는 단단한 껍질이 되어 우리를 포장한다. 어릴 때는 물론이고 어른이 된 후에도 진정한 나로 살아간다는 것은 매우 위험할 수 있다. 이를테면 이런 말들이 우리를 위협하는 압력이 될 수 있다.

"내 말대로 해."
"그쪽으로 가지 마."
"만지면 안 돼."
"얌전히 앉아 있어."
"그런 식으로 생각해선 안 돼."
"네 스스로 해야지."
"제발 서둘러."
"천천히 좀 말해."
"똑바로 좀 해."

"어리석게 굴지 마."

"우리를 실망시키지 마."

"바보 같은 짓 그만 해."

　사람들은 좌절하거나 상처 입거나 버림받았을 때, 거짓된 모습을 꾸며내서 애써 견디려고 한다. 이렇게 함으로써 다른 사람들, 특히 자기 삶에서 중요한 사람들을 만족시키려는 것이다. 하지만 이러한 모습에 적응하다 보면 자신의 진정한 모습은 부분적으로 또는 전부 다 가려지게 된다. 직관적이고, 조화롭고, 개성 있고, 활달하고, 영리한, 있는 그대로의 참 자아의 자리를 낯선 자아가 차지하는 것이다. 이런 거짓된 모습으로는 평안을 얻을 수 없다. 깊은 내면에서는 진정한 나를 드러내고 싶어 하기 때문이다. 어쩌면 이렇게 말할지도 모른다.

　"적응하는 것이 현실이야. 그게 세상 이치지. 어떻게 해볼 수 있는 사람은 아무도 없어."

　그러나 진정한 나를 감추는 데 쓰이는 힘은 진정한 내가 빛을 발하는 데도 쓰일 수 있다. 진정한 나를 찾아가는 여행은 결코 쉽지도 않고 짧지도 않겠지만 흥미진진한 과정이 될 것이다. 그리고 그 여행을 하는 동안, 우리는 누구와 어디에서 무엇을 하든지 간에 신성한 참 자아를 있는 그대로 드러낼 수 있게 될 것이다. 그리고 지금까지는 감히 접근할 엄두도 내지 못했던 자기 안에 있는 어떤 것들을 발견하게 될 것이다.

성공을 숭배하는 현대 사회에서는 '소유'가 '존재'의 숙적이다. 맑은 의식으로 본성을 바라볼 수 없게 되고, 우리 생활에는 긴장과 압박감이 넘쳐난다. 날이 갈수록 진정한 자아를 더 깊숙이 감추게 될 뿐이다. 사람들은 정신적으로 위안이 필요할 때면 부모나 배우자, 친구, 연인, 자녀 또는 직장 상사에게 의지하려 하지만, 그들에게서도 만족을 얻지 못하는 경우는 의사나 심리 상담사를 찾아간다. 이렇듯 우리는 우리 삶을 타인에게 맡김으로써 그들에게 짐을 지우는 동시에 그들의 안녕을 희생시킨다. 더 나아가 사회에 책임을 떠넘기게 될 경우 사회 조직은 우리의 무기력과 결탁해 처음에는 우리를 안심시키다가 결국에는 억압한다.

우리는 스스로에게 물어야 한다.

"나는 누구의 인생을 살고 있는가?"

혹시 부모나 배우자, 자녀들의 인생을 대신 살고 있는 것은 아닌가? 직장 상사나 연인의 인생을 대신 살고 있지는 않은가? 스스로 자유를 포기한다면, 우리는 더 이상 우리 자신이 될 수 없다. 나라는 존재를 움츠러들게 하고 하찮게 만드는 힘이나 타인이 될 뿐이다.

우리는 온전히 우리 자신이 되어야 한다. 자존감을 회복하고 진정한 자아와의 관계를 튼튼히 할수록 스스로를 보호할 수 있는 동시에 진정한 나를 표현하는 데 방해가 되었던 껍데기, 가짜 이미지, 가면, 겉치레, 체면을 벗어버릴 수 있다. 또한 정서적, 사회적 위협으로 인해 생겨난 질병인 감염증, 감기, 위장 질환, 긴장증과 편두통, 요통, 고혈압과 저혈압 등이 사라지거나 줄어들 것이다. 자신을 표현하는 생활은 개성과 활력, 그리고 더욱 다양한 능력을 발휘하게 만드는 원동력이다.

어둠에서 벗어나 진정한 자아를 빛 한가운데로 드러내는 데 나이는 아무런 문제가 되지 않는다.

진정한 나를 찾고 싶은 사람들에게

오늘날 우리들은 다양한 인간관계를 맺으며 살아가고, 그 안에서 여러 소통이 이루어진다. 한 가지 기억해야 할 사실은 이러한 소통의 진정한 의미가 다른 사람이 아닌 자기 자신을 이해시키는 데 있다는 점이다.

한 개인의 정신적인 성숙은 그가 얼마나 독립적인 삶을 사느냐에 따라 결정된다. 그리고 여러 사회 조직의 안녕은 각 개인이 가족, 학급, 학교, 공동체, 교회, 회사, 국가 같은 집단에 얼마나 성숙하게 공헌하는가에 따라 결정된다.

사람은 자신과 자신의 행동에 책임감을 가질 때 진정한 어른이 된다. 말로는 쉽지만 실천하기는 매우 어렵다. 다 자란 어른이라도 감정 또는 사회적인 측면에서 자신과 자신의 행동에 책임지는 것을 포기할 수 있으며, 그럴 수밖에 없는 불행한 이유를 수없이 열거하기도 한다. 이것은 다른 이들의 관심을 끄는 방법이 될 수 있지만, 자신에게는 긍정적인 영향을 미치지 못한다.

무조건적인 사랑을 받지 못하고 자신이 소중한 존재라는 것을 느끼지 못한 채 자란 어린아이는 다른 사람한테 인정받기 위해 창의적이지 못한 방법에 의존한다. 자기 방어라는 이름으로 널리 알려진 이런 방법은 자기 존재가 분리되는 것을 막기 위한 그림자 행동이라고 할 수 있다. 이는 공격, 폭력, 조작, 복종, 환상, 기만, 과잉 행동 등으로 관심을 끌고자 하는 방어 전략이다.

  어린아이는 자아를 진실하고 실제적으로 표현하고, 감정을 표현하고 수용하는 면에서 자유로우며, 자연스러운 호기심과 두려움 없는 마음을 지니고, 모험심과 열정에 차 있다. 하지만 아이들의 성장에 필수 조건인 자아의 무조건적인 수용이 이루어지지 못하는 경우에는 이러한 특성이 자라나지 못한다. 부모나 선생님, 친척, 성직자, 이웃사람 같은 어른들이 어린이의 성장을 의도적으로 방해하기 때문은 아니다. 어른들이 그림자의 방식에 갇혀서 무의식적으로 그렇게 행동하기 때문에 어린이들의 진정한 자아가 나타날 수 있는 안전한 환경을 제공하지 못하는 것이다. 한 개인이 변화하기 위해서, 더 나아가 사회 전체가 변화하기 위해서는 삶의 방식을 성찰하고, 자신과 다른 사람의 행복을 위협하는 그림자 행동을 멀리하려는 노력이 필요하다.

진실을 가릴 수 있는 것은 아무것도 없다. 안정적인 내면세계를 지닌 사람은 다른 사람들로 하여금 그를 멀리하거나 낮추어보거나 인격의 품위를 떨어뜨릴 수 없게 한다. 여기에는 배우자, 친구, 연인, 동료, 임상 심리학자, 심리 치료사, 성직자를 포함해 누구든 해당될 수 있다. 그런 사람들과 인간관계를 맺고 그 안에서 당신의 본성을 솔직히 표현하려고 노력하라. 그것이 진정한 자존감을 회복하는 길이다.

내가 글을 쓰고, 강의를 하고, 개인과 집단에 대해 연구하는 이유는 심리 상담과 사회생활 그리고 개인적인 경험으로 얻게 된 인간 행동에 대한 생각을 솔직하게 말하고 싶어서다. 그 안에는 나 자신의 이야기도 있다. 만약 우리가 누군가의 특정한 행동을 정확히 목격했더라도 그 행동 뒤에 숨은 진정한 의미를 알아낼 수 없다면 인간의 삶, 특히 사람들 사이에서 일어나는 일에 대한 성찰에서 진전을 기대할 수 없다.

이제까지 이야기했던 것은 나의 믿음 중에서도 핵심을 이루는 것들이다. 독자들이 어떻게 받아들일지는 이 글에 얼마나 공감하는지, 그리고 자신의 인생을 점검하고 숨겨졌던 내면세계를 찾아가는 길고도 흥미로운 도전을 할 준비가 얼마나 되어 있는지에 달렸다.

Whose life are you living?

감춰지기 전의 나

자존감의 뿌리

우리에게는 다양하고 깊고 넓은 자아의 목소리가 존재한다.
이것은 우리에게 자신의 한계를 초월하는
놀라운 힘이 존재한다는 사실을 증명한다.

01

진정한 나는
누구인가

어린아이가 비추는
존재의 빛

심리 상담사 과정 졸업식에 참석하는 학생들의 친척 중에 어린아이를
안고 오는 분들이 있다. 나는 연설을 할 차례를 기다리는 동안 어른과
어린이, 유아 들이 섞여 있는 청중을 살펴본다. 대부분 어른들은 연설
자의 말에 귀를 기울이며 조용히 자리를 지킨다. 반면에 어린아이들은
주변을 두리번거리며 쉴 새 없이 재잘거린다. 어린아이들의 호기심 어
린 표정과 그들이 일으키는 소동을 지켜보고 있노라면 가슴이 따뜻해
진다. 나는 내 연설 차례가 돌아오면 이렇게 말한다.

"졸업식장이 거리낌 없고 자신감 넘치는 목소리로 가득 차니 얼마
나 좋습니까? 어른들은 이런 분위기를 만들어내지 못하지요."

또한 어린아이들이 이런 활기를 잃지 않기 바란다고 말한다. 나는 임상 심리학자로서 어른, 청소년, 어린아이 들이 자기 목소리를 찾도록 도와주는 일을 하고 있기 때문이다.

엄마의 자궁 안에 있을 때 어떤 이유로 신체적 또는 정서적 위험을 경험한 유아를 제외하면 대부분의 유아는 자신이 속한 문화와 주변 사람들에게 놀라운 빛의 원천이 되어준다. 유아들을 가만히 지켜보라. 그들 한 명, 한 명은 모두 그 자체로 특별할 뿐 아니라 적극적이고 호기심과 믿음에 가득 차 있다. 모험심과 자신감이 넘치며, 사랑을 주고받을 줄 알고, 균형 감각이 있으며, 자기 욕구를 알리는 데 놀라울 정도로 능숙하다.

유아들은 표정이 풍부하고 부드럽고 섬세하며 조화롭고 삶을 사랑한다. 그리고 항상 떠들썩하다. 유아들은 스스로를 억압하지 않는다. 자기 몸의 활동을 즐기고, 실패가 두려워 주저하지 않을뿐더러 한 번 성공했다고 혹하지도 않는다. 그런가 하면 발을 헛디뎌 넘어지는 실수를 되풀이하지만 끊임없이 다시 시도한다. 이러한 것들은 하나의 발달 과정이다.

유아들은 자기만의 시간을 즐긴다. 말하자면 혼자 노는 데 전문가라고 할 수 있다. 유아들의 이런 모습과 대비되는 것이 어른들이나 꽤 컸다고 생각되는 아이들의 모습이다. 이들은 늘 억압되어 있고 실패에 대한 두려움에 쫓기는 한편, 성공에 집착한다. 사랑을 주고받는 일에는 더욱 인색하다. 그래서 보호받으려 하고 타인의 인정을 받기 위해 전전긍긍하며, 모험을 피하고 자신감이 없다. 소심하고 수줍어하며, 쉽게 두려움에 사로잡히고, 안정감을 잃고 쉽사리 공격적이 되며, 소유욕의 노예가 된다.

우리의 진정한 자아에, 그 안을 밝히고 있던 빛에 도대체 무슨 일이 일어났기에 우리는 이렇게 전전긍긍하는 걸까? 이미 자아의 불꽃이 꺼져버린 걸까? 어떻게 다시 그 빛을 밝힐 수 있을까?

모든 유아는 하나하나가 성스럽고 유일한 존재이다. 그리고 육체적으로나 정서적으로, 지적으로나 사회적으로, 성적으로나 영적인 면에서 다양한 방식으로 자기를 표현한다.

온전한
신체적 표현

모든 유아는 세상에 오직 하나뿐인 몸을 갖고 태어난다. 몸집, 체형, 피부색, 살결, 동작, 신체적 표현과 능력 등이 모두 제각각이다. 유아들의 몸은 배고픔과 목마름을 알고, 자기 몸에 가장 맞는 음식이 무엇인지 알고 있다. 또한 쉴 때와 잠잘 때, 활동할 때가 언제인지 안다.

부모나 주변 어른들은 유아의 어떤 행동이나 표정, 또는 질병의 징후 등을 통해 그들의 상태를 정확히 파악할 수 있어야 한다. 유아들은 배가 고프거나 갈증이 날 때, 또는 어딘가 몸이 불편해서 보살핌을 바랄 때, 기분이 우울하거나 심심할 때, 혼자될까 두렵고 불안하거나 또는 감정적으로 흥분될 때, 자신의 상태를 알릴 줄 안다. 더 나아가 유아들이 자기 몸이나 어른들의 몸을 유심히 살피는 것은 나름의 지적 탐구라 할 수 있다. 이런 과정을 통해 몸의 세계를 알아가는 것이다.

충실한
감정적 표현

유아의 정서적 표현과 감수성은 그동안 잘못된 평가를 받아왔다. 오랫동안 유아는 세상이 자신을 중심으로 돌고 있다고 믿는 자기중심적인 존재로 치부되었다. 그러나 유아를 키우는 어머니들의 관찰에 따르면 사실은 정반대다. 내가 관찰한 결과도 마찬가지다. 유아들은 사랑을 받는 것뿐 아니라 주는 데도 전혀 인색하지 않다. 유아가 어른들에게 다가올 때는 사랑받고 싶고 사랑하고 싶어서다. 사랑은 동전의 양면과 같아 사람은 누구나 사랑하는 동시에 사랑받고 싶은 욕구를 가졌다.

유아의 몸이 항상 정직한 것처럼 유아의 감정도 그렇다. 대부분의 심리학자들은 감정이야말로 어느 순간에 개인에게 무슨 일이 일어나는지 가장 정확하게 알려주는 단서라고 생각한다. 나 역시 이러한 믿음에 공감한다. 더 나아가 모든 육체적인 동작, 생각, 행동, 꿈, 음성, 감탄사 같은 것들이 어떤 사람의 상태를 그대로 드러내는 매개체라고 생각한다.

유아들은 만족감, 애정, 평화, 자극, 기쁨, 놀라움, 유머 같은 내적인 안정감을 일정한 감정의 범위 안에서 표현한다. 배고픔이나 목마름, 아픔, 위기감 때문에 안정감이 깨지면 공포, 경고, 좌절, 노여움, 슬픔, 우울, 냉담함 같은 감정을 드러낸다. 이때 유아의 위기감에 곧바로 반응함으로써 욕구불만의 먹구름이 끼지 않도록 하는 것이 매우 중요하다. 자신에게 어떤 위험이 닥쳤음을 스스로에게나 다른 사람들에게 알리는 것이기 때문이다. 어른은 유아의 이런 감정에 주의를 기울이고 적절히 응답해주어야 한다.

유아들은 감정을 드러내는 것뿐만 아니라 감정을 받아들이는 데도 탁월한 능력을 보여준다. 이들은 사랑과 따뜻한 관심, 흥미로운 대상에 대한 감성이 놀라울 정도로 뛰어나다. 자기를 돌보는 어른이 긴장했거나 화가 났거나 우울해 있으면 금방 알아챈다. 이렇듯 어른들이 불안정한 감정을 드러내면 유아의 안정감은 위협받는다. 그러나 유아들의 사랑은 무조건적이고 이해심이 많기 때문에 보호자가 사랑을 받아들일 준비가 되는 순간 곧바로 사랑을 표현한다. 또한 어른들이 지속적으로 안정감을 잃은 상태에 있지 않는 한 유아들은 언제든 차분한 상태로 돌아간다.

경이로운
지적 표현

유아는 자신의 존재를 지적으로 표현한다. 그동안 유아의 지적 표현은 지나치게 과소평가되었다. 이것은 우리 사회가 지혜와 지식을 혼동하는 경향이 심하기 때문이다. 아기들이 직면하게 되는 첫 번째 도전은 어른들이 사용하는 언어, 즉 음성 언어와 비음성 언어를 배우는 것이다. 유아들은 아무런 사전 교육 없이도 신기할 정도로 빠른 시간 안에 언어를 배운다. 더욱이 언어를 배우는 도중에 자기만의 신체 언어를 사용해 개인적인 욕구를 전달한다. 또한 어른의 신체 언어를 읽는 법을 배우기도 한다. 어른과 달리 유아는 언어가 아닌 다른 방식으로 전달된 의미를 읽는 능력이 매우 발달되어 있다.

물론 유아에게도 자신이 태어난 세계에 대한 육체적, 가족적, 교육적, 종교적, 정치적, 성적, 정서적, 창조적인 지식을 쌓을 시간이 필요하다. 하지만 유아들은 복잡한 세상에서 질서를 찾아내고 마침내 세계를 이해하게 되는 놀라운 능력을 타고난다. 또한 호기심과 배움의 열정이 넘친다. 이 때문에 우리는 인생의 초기에 다른 어떤 때보다도 많이 세상에 대해 배우게 된다.

지혜로운 행위적 표현

유아는 또한 행위로 자신의 존재를 표현한다. 유아의 행위적 표현은 자기가 태어난 사회에서 살아남아 성장해나가는 데 필요한 기술을 익히려는 시도이다. 인간의 행동은 자신이 속한 문화나 그 하부 문화의 영향을 받는다. 예를 들어 인도네시아 자바 섬의 평범한 가정에서 태어난 아기들은 거의 울지 않는다. 아기에게 무언가 필요한 것이 생기면 그들이 울기도 전에 어른들이 금세 알아차려 그 욕구를 채워주기 때문이다. 자바의 아기들은 태어나서 처음 1년 동안 업혀서 길러지는데, 아기가 몸이 불편하면 아기와 밀착되어 있는 양육자가 곧바로 그 사실을 알아차린다. 반면 어른들과 신체적으로 떨어져 지내는 서구의 많은 아기들은 자기 욕구를 알리고 충족시키기 위해 다급하게 울어댈 수밖에 없다.

유아들은 놀라운 정도로 빠르게 자기가 속한 문화에 신체적으로 적응한다. 그들은 어른의 표정, 눈빛, 동작, 목소리, 자세가 의미하는 것을 알고 최대한 위험을 줄이는 보호 행동을 배운다.

유아가 보여주는 모든 행동은 항상 감정과 관련해서 이해될 수 있다. 유아의 행동 중에서 우둔하거나 부정적이거나 무의미하거나 비정상적이라고 할 수 있는 것은 없다. 하지만 유아가 지닌 지혜를 제대로 알아보는 어른이 별로 없다. 간혹 부모는 자녀의 어떤 행동에 거친 반응을 보이곤 하는데, 이것은 스스로를 방어하기 위한 것일 뿐이다. 부모가 다른 사람의 행동을 이해하려는 의지가 없으면 자녀는 내면의 안정감을 쌓을 기회를 놓칠 수밖에 없다.

유아의 능력 중 많은 부분이 어른을 흉내 내는 것에서 시작된다. 하지만 유아의 이러한 반응이 외부 세계를 이해하고 적응하는 데 필요한 창조적인 시도라는 사실은 간과되기 쉽다. 외부 세계에 적응하지 못하면 따돌림을 받게 되는데, 유아는 그것이 무엇을 의미하는지 분명히 알고 있다.

직관과 학습은 구분될 필요가 있다. 직관은 타고난 지식이라 할 수 있으며, 유아에게 평안을 위협하는 것이 무엇인지 알려주는 역할을 한다. 학습은 어떤 행동이 적절한 것인지 직관적으로 아는 것과 그로 인한 반응에서 시작된다. 가끔은 유아들이 어떤 상황에서 어떤 행동을 취해야 하는지 어른보다 더 잘 아는 경우도 발생한다.

어린아이는 정직성, 자발성, 개방성 면에서 어른보다 훨씬 뛰어나다. 자유 시간이 하나도 없다고 끊임없이 불평하는 여성이 있었다. 그녀는 어린 딸아이가 분노에 찬 목소리로 "엄마, 내 생각엔 엄마가 자유 시간을 갖기 전에 죽어버릴 거 같아"라고 말하는 걸 듣고 아연실색했다고 한다. 이 아이의 관찰은 얼마나 정확한가? 삼십 대 중반인 독신 여성이 가족 모임에 참석했을 때의 일이다. 이 여성의 자매들은 모두 결혼해 자녀를 두었는데, 자매들은 각자 자기 가족들과 사진을 찍으면서 독신녀인 그녀에게는 사진을 찍으라고 권하지 않았다. 그런데 어린 조카딸이, 이모는 독사진을 찍어야 한다고 아주 강력하게 주장했다. 이 아이는 어른들에게 개인의 특별한 생활을 인정하는 것이 중요하다는 사실을 깨닫게 해준 것이다.

어른들은 아이가 가족들 사이에서 자신을 표현하기 위한 고유한 방법을 찾아낸다는 사실을 잘 알지 못한다. 유아기 때 나는 우윳병이 비자마자 내던졌지만 내 쌍둥이 형은 빈 병을 계속 빨아댔다고 한다. 나이가 들어갈수록 행동의 차이는 더욱 두드러지게 나타났다. 형은 사람을 끄는 매력이 있으면서도 짓궂은 데가 있어 친구들을 잘 사귀는 외향적인 익살꾼이 되었다. 반면에 나는 학구적이면서도 다른 사람을 배려하는 데 관심이 많은, 순진하고 내향적인 아이가 되었다.

독특한
사회적 표현

어떤 모임에 유아가 있을 경우 그 아이는 사람들의 주목을 끌고 모두가 그 존재를 알게 되곤 한다. 이것은 어른들이 새로 온 사람에게 보이는 인사치레와는 거리가 멀다. 유아가 사람들의 주목을 끄는 이유는 사람들과 자연스럽게 교제하고픈 뜻을 내비치기 때문이다. 또한 어른들이 어릴 때 자기 존재를 거리낌 없이 표현했던 기억이 되살아나는 것과도 관련이 있다. 유아의 사회적 존재는 개성적이고 아름다우며 독립적이다. 그리고 그들은 조건 없는 관심을 주고받는 데 매우 뛰어나다. 모든 유아는 어김없이 자기 존재를 표현하는 고유한 방법을 찾아낸다. 미소, 눈 맞춤, 평온한 표정, 두드리기, 잡아당기기, 흔들기, 한숨 쉬기, 귀여운 버릇, 색깔이나 빛나는 물건에 대한 관심 등등 정말 다양하기 그지없다.

사회적 존재로서 유아의 건강함은 주변 사람들이 그 개성을 존중하여 다른 아이들과 비교하지 않고 차이점을 격려해줄 때 잘 유지된다.

자연스러운
성적 표현

대다수의 청소년이나 어른과 달리 유아는 자기 몸을 지극히 편하게 받아들이며, 자신의 성감대를 찾아내고 기쁨을 누리는 것에 부끄러워하지 않는다.

유아의 성적 표현은 자연스럽다. 그리고 어른들처럼 존재의 다른 부분들과 분리되어 있지 않다. 유아들은 자기의 존재를 분리하지 않는다. 존재가 분리될 경우 어린이의 독특한 존재 방식에 빨간불이 들어오고, 자신의 개인성을 표현하는 일에 방해를 받게 된다.

개성 넘치는
창의적 표현

창의성은 존재를 표현하는 모든 면에서 나타난다. 유아는 자라감에 따라 독창적인 방식으로 개인성을 드러내고자 하는 욕구가 생긴다. 이것은 그림 그리기, 운동, 옷차림, 꽃 가꾸기, 유머, 연극, 음악, 노래, 시, 조각, 도예, 기술, 춤 같은 다양한 방식으로 표현될 수 있다.

유아가 나타내는 창의성에서 미래의 모습을 가늠해볼 수 있다. 창의성은 운동이나 어떤 행동에 몰두하는 것, 어떤 색깔을 좋아하거나 특정한 음악이나 춤에 반응을 보이는 것, 또는 텔레비전, 동물, 장난감,

소리 같은 자극에 몰입하는 것 등으로 나타날 수 있다.

유아가 커가면서 나타나기 마련인 창의성은 자기만의 개성 있는 삶을 살게 하는 매개체가 된다.

유아들은 가정에서 분명한 자기 역할과 자기만의 흥미, 취미, 식성, 옷차림, 친구 등을 찾아낸다. 또한 스스로의 정체성도 확립한다. 즉 학구적이거나 감각적인 성향, 운동이나 미술에 소질을 보이는 것, 현명함, 남을 잘 보살피는 마음, 탁월한 유머 감각, 환경에 대한 관심, 동물을 사랑하는 마음, 기계를 다루는 뛰어난 솜씨 같은 특성을 갖춘다. 유아는 천성적으로 고유한 자아를 표현하려는 성향이 있으며, 자아 표현을 가로막는 수많은 장애물이 있음에도 불구하고 진정한 자아를 표현하는 방법을 찾아낸다.

있는 그대로의 자기를 표현하려는 유아의 욕구를 어른들이 존중해줄 때 유아들은 행복해질 수 있다. 개인성은 신성한 자기 근원을 드러내고자 하는 욕구의 표현이며, 이 개인성을 존중해주는 것이 인생의 고통을 줄이는 길이다.

환하게 빛나는
영적 표현

엄마 뱃속에서 어떤 위협을 경험하지 않았다면, 대부분의 유아는 고유한 존재의 빛 속에서 자신을 자연스럽게 표현할 수 있다.

- 자신이 고유하고 신성한 존재라는 영적 표현
- 몸은 신성하고 정직하다는 신체적 표현
- 조건 없이 사랑을 주고받을 수 있다는 정서적 표현
- 주변 사람들과 세상을 이해하기에 충분한 지혜를 갖추었다는 지적 표현
- 모든 행동을 이해할 수 있다는 행위적 표현
- 독특하고, 비할 데 없는 존재라는 사회적 표현
- 고유하고 창조적인 존재를 세상에 드러낼 수 있다는 창의적 표현

빛과 빛이 만날 때 빛은 더욱 밝게 퍼진다. 유아가 고유한 자아를 다양하게 표현할 때 부모나 어른, 또는 다른 아이들이 조건 없이 반응해 주면 유아는 자신이 탐험해나갈 밝은 세계를 갖게 된다. 하지만 불행하게도 아무런 조건 없이 받아들여지는 경험을 하는 사람은 없다. 어느 정도 수용되느냐에 따라 빛 속에 존재할지 또는 그림자가 드리워질지가 정해진다. 그림자는 결국 다른 사람들에게 위협이 된다. 유아를 돌보는 사람이 온전한 존재의 빛 안에 있을 때 유아의 빛을 지켜줄 수 있다. 유아의 빛이 두려움, 위험, 의존성, 남을 통제하려는 성향 등과 만날 때는 위험을 피하기 어렵다. 예를 들어 과잉보호를 하던 부모가 자녀에게 독립심을 키워주려고 할 경우에는 거부의 위험을 무릅써야 하며 이로 인해 부모는 좌절감에 빠질 수도 있다.

영혼의
목소리

개인의 존재는 자아의 모든 측면을 표현하거나 억압하는 것과 관련된다. 그리고 자아의 모든 측면에는 신체적, 성적, 정서적, 사회적, 지적, 창의적, 행위적, 영적인 면이 포함된다. 이렇게 자아의 다양한 면을 표현하거나 억압하는 것은 사람에 따라 수많은 형태를 취할 수 있다.

우리에게는 다양하고 깊고 넓은 자아의 목소리가 존재한다. 이것은 우리에게 자신의 한계를 초월하는 놀라운 힘이 존재한다는 사실을 증명한다. 이러한 목소리는 참 자아를 표현하는 데 사용된다. 하지만 불행하게도 참 자아를 감추는 데도 교묘히 사용될 수 있다.

언어를 구사하는 면에서도 사례를 찾을 수 있다. 타인에게 위협받고 있는 사람은 그럴 듯한 말을 끝도 없이 늘어놓을 수 있다. 이런 사람들 틈에 섞이면 온전한 대화를 하기 어렵다. 이런 사람들은 아무리 오랫동안 함께 있더라도 쉬지 않고 자기 말만 쏟아놓는다. 그래야 타인이 자신을 위협하지 못할 것이라 생각하기 때문이다. 끊임없이 계속되는 말로써 자신의 참모습을 감추는 사람들은 타인을 진정한 나로 대하는 것이 안전하지 않다는 사실을 배운 것이다. 어린 시절 부모로부터 지나치게 비판을 받은 경우, 이런 성향이 굳어질 수 있다.

신체 언어 또한 어떤 사람이 진정한 나로 있는지 아닌지를 드러내는 척도가 된다. 스스로에게 진실한 사람의 자세는 안정되고 침착하며 개방적이고 활력이 있다. 하지만 참 자아를 숨기고 있는 사람은 흔히 활기가 없고 불안하며 조바심을 내는 경향이 있다. 옷차림이나 좋아하는 색깔 같은 것도 그 사람의 내면을 나타낼 수 있다.

이 모든 것은 영혼의 목소리라고 할 수 있다. 아래에 그 예를 들어두었다. 놀랍게도 사람들은 끊임없이 새로운 자기표현 방법을 찾아낸다. 이러한 표현들을 이해할 수 있게 된 데는 그 동안 이루어진 여러 가지 심리학적 연구의 역할이 크다.

각각의 목소리는 참 자아를 드러내는 데 사용되기도 하고 위장하는 데 사용되기도 한다. 후자의 경우, 방어를 위해 사용되는 목소리를 통해 가짜 모습 뒤에 숨겨진 참 자아에 대한 단서를 얻을 수 있다.

참 자아를 드러내는 목소리들

말, 생각, 꿈, 심상, 안도감, 위기감, 웃음, 유머, 망상, 환상, 환각, 투사, 투입, 침묵, 영감, 창의성, 음악, 시, 미술, 조각, 노래, 산문, 눈 맞춤, 음조, 자세, 동작, 행동, 활력, 접촉, 성적 관심, 옷차림, 통증, 몸살 기운, 다이어트, 직업, 흥미, 취미, 운동, 춤, 일, 친분 관계, 영성, 폭력, 소극성, 수줍음, 자폐, 가정생활, 실언, 색상, 명상, 은유 등.

Whose life are you living?

자꾸만 내가 작아진다

동굴로 들어가는 자존감

어른이건 아이건 누구나 각자의 특별함을 인정받을 권리가 있다.
진심에서 우러난 따뜻한 말로 "너는 있는 그대로 특별하단다"라고 말해주는 것보다
더 용기를 주는 일은 없다.

02

나를
표현하지 못하게
하는 것들

자아를
어둠 속으로 밀어넣는다

대부분의 유아에게 빛은 참된 존재를 상징한다. 그러나 아주 어릴 때부터 가정이나 단체, 학교, 직장, 지역사회 등에서 자기 존재가 가려진 사람들과 관계를 맺는다면 빛은 가려질 위험에 처한다. 이것은 아이가 참된 존재를 표현하는 것을 부분적으로 또는 전적으로 방해할 수 있다.

부모나 친척, 교사 등이 고의로 아이의 온전한 존재를 방해하는 것은 아니다. 하지만 어른들의 존재가 어둠에 가려져 있을 때는 아이의 존재가 발산하는 빛에 응답할 수 없다.

어둠과 그림자의 은유는 한 사람의 빛이 가려지는 상태를 효과적으로 보여준다. 존재의 상태를 나타내는 어둠의 은유는 문학이나 일상

대화에서도 찾아볼 수 있다. 신비주의자들이 "영혼의 어두운 밤"이라고 말할 때 이것은 존재의 빛에서 벗어난 상태를 보여주는 강력한 은유다. 우울한 사람들은 그들이 처한 상태를 "시커먼 구덩이", "어두운 공허", "바닥없는 블랙홀" 등으로 표현한다.

나 자신의 우울증을 돌이켜보건대 매일 새벽마다 느꼈던 절망감, 공허감이 떠오른다. 그 중에는 후회스럽게도 다른 사람들을 위협했던 어두운 분노도 있다. 다른 사람들에게 해를 입히려던 의도는 없었음에도 불구하고, 나 자신에 대한 혐오감이 그들의 고유한 존재를 올바로 인식하고 존중하는 것을 막았다. 어른이든 아이든 타인의 존재를 어둡게 하는 것은 우리 안에 있는 어둠이다. 어둠의 영향은 비극적이고 그 과정은 반복된다. 예를 들어 사랑을 표현하는 것을 두려워하는 부모는 비슷한 방어적 행동을 자녀에게 주입시킬 수 있다.

자아 표현을 방해하는 것들

참 자아로 존재하지 못하는 현상은 유아기에 시작되어 나이가 들수록 더 깊고 빠르게 진행된다. 부모와 조부모, 보모, 유치원 교사, 이웃, 학교 교사, 친구들이 모두 아이들의 참 자아를 위협하는 원인이 될 수 있다. 자아 표현에 방해가 되는 행동을 얼마나 자주, 또 얼마나 강하게 오래 지속되는가에 따라 그 부정성의 정도가 결정된다.

언어적인 것이든 비언어적인 것이든 다른 사람의 존재를 위축시키고 어둡게 하고 비하하는 것이면, 어떤 행동이든 방해 행동이 될 수 있다. 우리의 존재를 직접적으로 위협하는 행동뿐 아니라 다른 사람들 사이에서 일어나는 행위도 참된 존재를 위협할 수 있다. 예를 들어 부모가 서로 싸우는 것을 보고 자란 아이는 그런 위기의 순간에 스스로를 감추는 행동을 배울 수 있다. 부부싸움을 하는 부모를 둔 아이는 싸움을 말리는 역할을 맡기도 한다. 아이는 중재자가 됨으로서 위기감을 감소시키려 하며, 스스로를 감추는 아이들처럼 자기 존재를 축소시킨다. 더 나아가 공격성과 폭력을 경험한 아이들은 자신의 분노를 비슷한 방식으로 처리하는 것을 배우거나, 감정을 억제하는 것이 더 안전하다고 느낄 수 있다. 다음에 든 사례들은 어른과 아이들이 비슷하게 경험하는 전형적인 방해 행동들이다.

- 공격성
- 비난
- 비교
- 경쟁심
- 조건적 사랑
- 통제
- 잔인성
- 냉소

- 속이기
- 비열함
- 변덕
- 과잉보호
- 수동성
- 신체적 폭력
- 실패에 대한 징계
- 혹평

- 거부
- 혐오
- 멸시
- 거리감
- 불신
- 우월감
- 가혹함
- 증오
- 악의적 농담
- 조급함
- 질투
- 함정 파기
- 분노
- 조롱
- 완고함
- 빈정거림
- 잔소리
- 성폭행
- 성공에 대한 집착
- 위협
- 불공평한 비난

참 자아에 대한 위협은 지지 행동이 없을 때도 일어난다. 인간관계에서 가장 큰 위협이 되는 것은 사랑의 표현에 인색한 것이다. 사랑은 인간의 삶에서 절대적으로 중요한 것으로, 사람이 살아가는 과정에서 대부분의 문제는 사랑을 표현하지 못하는 데서 비롯된다. 전형적인 지지 행동은 다음과 같다.

- 수용
- 애정
- 도전
- 보살핌
- 칭찬
- 재능을 경험할 기회 제공

- 동정심
- 위기감과 안도감의 표현
- 공평함
- 친절
- 정의
- 애정 어린 양육
- 인정
- 존경
- 필요한 것을 제공
- 지지
- 이해
- 따뜻함

정직한 신체를 왜곡하다

우리 몸은 언제나 정직하다. 그래서 참 자아의 표현을 가로막는 장애물과 억압된 욕구를 정확하게 드러내준다. 부모 중에 몸은 근본적으로 '나쁜' 것이라 여기고 신체적 위협이나 다른 통제 반응으로 바로잡으려 하는 사람들이 있다. 다음이 바로 그러한 사례이다.

- 강제로 먹이기
- 강제적인 용변 훈련
- 아이의 울음에 대한 성마른 반응
- 흙장난 혼내기
- 야뇨증을 심하게 혼내기
- 신체적 접촉 거부

- 체형에 대한 비난
- 단정한 겉모습에 집착

신체적 존재는 삶의 모든 단계에서 다른 사람들의 말로 방해를 받을 수 있다. 이러한 경험을 한 적이 있을 것이다.

어린 시절에 듣는 말들

- "울지 마. 엄마 골치 아파 죽겠다."
- "엄마가 널 위해 애써 해준 음식을 어떻게 싫다고 할 수 있니?"
- "야채도 먹어야 돼."
- "또 이부자리를 적시다니 넌 정말 뻔뻔한 아이구나!"
- "다 큰 아이는 속옷을 적시는 게 아니야."
- "조용히 앉아 있어."
- "몸을 만지는 건 나빠."

청소년기에 듣는 말들

- "너무 뚱뚱하잖니."
- "너도 언니처럼 예쁘면 좋을 텐데."
- "아무도 널 좋아하지 않을 거야."
- "어째서 그렇게 지저분하니?"
- "머리가 까치집 같구나."

- "너하고 다닐 때면 엄마가 얼마나 신경 쓰이는지 아니?"

성인기에 듣는 말들
- "설마 그렇게 입고 나가려는 건 아니지?"
- "점점 대머리가 되네."
- "네가 여자들한테 인기 있는 줄 아는 거니?"
- "섹시한 몸 빼면 넌 시체야."
- "살이 좀 찐 거 같지 않니?"
- "네 몰골 좀 봐. 그 꼴로 누굴 만나겠다는 거니?"

행복한 감정을
가로막다

사람의 근원적인 욕구는 사랑을 주고받는 것이다. 사람은 사랑을 주고
받을 때 행복을 느낀다. 사랑을 주고받는 데 장애가 생기거나 사랑을
표현하지 않을 때는 위기감을 느낀다. 행복감(사랑, 기쁨, 편안함, 짜릿
함, 낙관, 애정, 열정, 평화, 자신감 등)은 평안한 상태를 나타내고, 위기감
(공포, 분노, 슬픔, 질투, 비탄, 원한, 두려움, 좌절 등)은 안전이 위협받는
상태를 나타낸다. 이 모든 감정에는 목적이 있으므로 긍정적으로 반응
할 필요가 있다. 대개의 경우, 행복감을 느낄 때는 그러한 감정을 표현
하는 데 큰 어려움을 겪지 않는다. 하지만 위기감에 대해서는 그 자체

가 사람들에게 위협이 될 수 있으므로, 조롱하거나 피하거나 은폐하거나 무시하거나 애매한 태도를 취하거나 학대하는 등의 반응을 보일 수 있다. 정서 표현을 가로막는 예로 다음과 같은 것들이 있다.

조롱

- "약골 주제에 뚜껑이 열렸군."
- "어이구, 꼴에 화났네!"
- "겁쟁이 같으니라고! 너 도대체 왜 그 모양이냐?"
- "너 참 없어 보인다."
- "삶은 멍게처럼 벌게져서 펄펄 뛰는 꼴하고는!"
- "징징거리지 말고 나잇값 좀 해."

거부

- "네가 징징대는 거 받아줄 기분 아니야."
- "제발 호들갑 좀 떨지 마."
- "바쁜 거 안 보여? 나중에 와."

억압

- "네가 그렇게 성질부리면 내가 아무것도 못 하잖아!"
- "너 또 울면 나 정말 어떻게 될 거 같아!"
- "너 그러는 거 보기 정말 지친다."

희석

- "기분만으로 살 수는 없잖아."
- "내일이면 기분이 싹 달라질 거야."
- "너무 지나친 생각이야."

모호한 태도

- "그래서, 문제가 뭔데?"
- "합리적으로 생각해봐. 네 기분은 말이 안 돼."
- "누구나 때로는 기분이 나빠질 수 있는 거야."

징계

- "그만 둬. 안 그러면 맞을 줄 알아."
- "그렇게만 해봐. 왜 고생을 사서 하니?"
- "넌 야단맞아도 싸."

정서 표현을 억압하는 것은 언어만이 아니라 자세, 표정, 목소리, 말의 빠르기, 눈 맞춤 같은 비언어적 반응으로도 나타날 수 있다.

앞에서 든 사례들은 위기감의 표현을 억누르는 것과 관련 있다. 그러나 비슷한 반응이 안도감을 표현하는 데서도 나타난다. 예를 들면 애정과 따뜻함을 표현하는 것이 때로 다음과 같은 반응을 일으킬 수도 있다.

- "날 지금 어린애 취급하는 거야?"
- "도대체 나한테 뭘 바라는 거야?"
- "지금 바쁜 거 안 보여?"
- "진짜 그런 거 아닌 줄 알아."
- "위로하려고 그러는 줄 알고 있어."

안도감을 표현할 때 나타나는 비언어적인 반응은 때로 위협으로 받아들여질 수 있다. 긴장한 태도, 외면하기, 무심한 태도, 냉소적인 표정 등이 그러하다.

자아를 인식하려면 모든 감정은 표현되어야 한다. 의외로 많은 사람이 특정한 감정을 표현하지 못한다. 어린 시절에 그런 감정을 드러냈다가 벌을 받았거나, 좋아하는 어른이 그런 감정을 표현하지 못하게 했기 때문이다. 많은 문화권에서 남성들은 애정을 거의 표현하지 못한다. 사랑, 애정, 슬픔, 비애, 공포, 약점, 의기소침해짐 등을 드러내는 데 어려움을 겪는다. 여성들 역시 특정 감정을 드러내지 못하도록 교육받는다. 예를 들면 노여움, 권력욕 같은 감정을 표현할 때 위기감을 느낄 수 있다.

특히 여성에게 정서적으로 더 자연스러운 감정 표현이 허용되는 경향이 있음에도 불구하고, 다른 사람의 감정을 받아들이는 데는 서툰 경우를 흔히 볼 수 있다. 일반적으로 남성은 안도감이나 위기감을 표현하는 데 서툴지만, 다른 사람들로부터 이런 감정들을 받아들이는 데는 더 개방적이기도 하다. 어머니가 행복감을 받아들이는 것을 주저하는 경향이 있을 때, 자녀들이나 가까운 사람들은 그런 감정을 그녀에게 표현하기를 꺼린다. 마찬가지로 아버지가 어떤 정서를 표현하지 않을 때, 자녀들은 그런 감정을 아버지에게 드러내는 것을 불편하게 생각할 수 있다. 나는 부모나 사랑하는 사람들에게 사랑을 표현할 줄 몰라서 괴로워하는 사람들을 많이 보았다. 부모가 정서적으로 허용하지 않는 감정이 주변 사람들에게 투사되기 때문에 자녀들은 자기 부모를 위협하는 것을 피하려고 감정을 숨기게 된 것이었다.

지적 능력을 무시하다

사람은 누구나 천재일 수 있다. 하지만 자신의 지적 능력에 회의적이거나, 학력에 콤플렉스가 있거나, 지나치게 우월감을 가진 사람들과 어울릴 때는 지적 잠재력을 드러내는 것을 불안하게 느낄 수 있다. 열등감이 있는 사람은 혹평을 일삼을 수 있으며, 우월감에 사로잡혀 있는 사람은 타인을 따돌리거나 무안을 주려고 할 것이다.

우리에게는 나이와는 상관없이 세상을 이해하는 놀라운 능력이 있다. 하지만 이러한 능력은 다른 사람들의 조급증, 무시, 비난, 비교, 빈정거림과 조롱, 징계와 압박그리고 견해를 주장하는 데 대한 공격으로 방해를 받을 수 있다.

- "그런 간단한 걸 배우는 데 왜 그렇게 오래 걸리니?"
- "어떻게 그런 생각을 할 수 있어?"
- "절대 그렇지 않아!"
- "네 사촌은 훨씬 좋은 점수를 받았다."
- "다시없을 아주 잘난 생각인데!"
- "원숭이라도 그보다는 잘하겠다."
- "그 문제에 대해 도대체 아는 게 뭐야?"
- "여기서 실패는 용납되지 않아."
- "우리가 원하는 건 오직 만점이야."

이런 반응의 원래 의도는 상대의 지적 성장을 자극하려는 것이겠지만 실제로는 반대의 효과를 낸다. 어른이든 아이든 지적 표현을 비난하게 허용해서는 안 된다. 그러나 우리는 일상생활에서 이런 상황을 무척 흔히 접한다.

행동의 진취성을 거부하다

행동은 자아라는 내면세계와 타인과 우주라는 외부 세계를 탐험할 수 있는 훌륭한 수단이다. 앞서 살펴본 것처럼, 우리는 지적으로 세상을 이해하고 그에 적응할 능력을 소유하고 있다. 하지만 자신과 주변 사람들과 세상을 진정으로 이해하는 것은 행동으로만 가능하다. 화롯가에 둘러앉아 한가롭게 주고받는 이야기가, 인간을 사랑하고 삶을 탐구하는 생생한 경험을 대신해줄 수는 없다. 아기들은 태어날 때부터 행동을 통해 자기가 누워 있는 요람과 엄마의 젖가슴, 또는 젖병을 이해한다. 그리고 몇 주 안에 자기 손이 닿는 곳에 있는 모든 것들을 탐험하기 시작하면서 행동이 눈에 띄게 증가한다. 일찍부터 순수한 호기심, 배움에 대한 열망, 도전정신이 나타난다. 그러나 선천적인 욕구를 행동으로 표현하는 것을 방해하는 현상도 아주 일찍부터 나타난다. 그리고 이러한 방해 현상은 어린 시절, 청소년기를 거쳐 성인기까지 이어진다.

가족, 학교, 직장, 또래 모임 등 어떤 사회 조직에 속하든 사람에게는 누구나 자기만의 독창적인 행동 방식이 있다. 심지어 형제자매 사이에도 서로 행동 방식이 완전히 다른 것을 쉽게 관찰할 수 있다. 그 차이를 부모와 교사를 비롯한 어른들이 지지하고 칭찬해줄 때, 단단한 자존감을 갖고 진정한 자신으로 살아가는 독창적인 사람으로 성장할 수 있다. 하지만 안타깝게도 사람들은 대개 차이를 인정하고 격려하기보다는 순응을 권한다.

직장에서는 소외감을 표현하는 불만의 목소리가 높다. 자아를 행동으로 마음껏 표현하려면 격려와 지지, 칭찬, 열의, 이해, 인내, 자극, 즐거움, 건강한 유머 등이 필요하다. 하지만 어린이든 어른이든 우리는 자연스러운 표현이 방해받는 것을 경험한다.

- 올바른 행동 강조
- 실패에 대한 비난이나 신체적 징벌
- 나름대로 노력하는 것을 참고 지켜보지 못하는 것
- 아무것도 하지 않는 것을 견디지 못함
- 행위적 표현을 무시함
- 남들처럼 행동할 것을 요구함
- 탐구 기회의 부족
- 창의성 박탈
- 노력한 결과에 대한 실망
- 어떤 성과에 "좋아, 하지만" 식으로 반응
- 성공에 대한 과잉 보상
- 성취에 대한 자랑
- 도전적 행동을 취했을 때 위협하는 반응
- 내키지 않는 일을 강요
- 부당하고 비현실적인 기대
- 지나친 책임감 부여
- 사람들의 행위적 표현에 대해 개인성을 무시
- 남들과 성취도 비교
- 완수되지 않은 일을 방관
- 사회적으로나 정서적으로 준비되지 않은 일을 하도록 강요

칭찬도 인정도 받지 못하는 상황에서 지식이나 기술을 익히기 위해 꾸준히 노력하기는 무척 어렵다. 또한 남들과 같은 식으로 하도록 강요받거나 재능과 잠재력을 개발할 기회를 박탈당하는 경우도 행동으로 자기를 표현할 때 흔히 겪게 되는 장애다. "좋아, 그러나" 하는 식의 반응은 아주 나쁜 결과를 초래할 수 있다. 누구든 아무리 노력해도 놓치는 부분이 있게 마련이다. 이는 어떤 일을 성취한 대가로 어쩔 수 없이 입은 손해를 지나치게 강조하는 것이다.

많은 사람들이 성공에 따른 보상과 기쁨이 행동을 촉진시키는 수단이라고 믿는다. 하지만 이것은 욕구가 성공적으로 달성된 것처럼 투영하는 것에 불과할 수도 있다. 나아가 참 자아의 행동을 방해하거나 행동의 범위를 제한할 수 있다. 그 결과, 행동을 진취적인 도전이 아닌 성취 지향적인 것으로 몰아갈 수 있다.

인간은 스스로 하고픈 행동에 대해서는 격려를 받고, 내키지 않는 행동은 하지 않아도 되어야 한다. 흔히 어떤 행동을 하지 않는 것은 도피와 혼동되곤 한다. 도피는 두려움에서 비롯된다. 하지만 특정한 행동에 흥미를 갖지 않는 것은 뚜렷한 자기 정체성을 확립하는 데 도움이 되지 않기 때문이다.

마지막으로 책임과 기대치는 나이, 성별, 사회적 환경, 현재의 성취도 등에 맞게 설정되어야 한다. 가령 어린이에게 어른이 감당할 수 있는 책임감이 부여되거나, 어른에게 아이들에게나 맞는 책임이 지워져서는 안 된다.

고유한 존재로
인정하지 않다

모든 인간은 사회적 존재다. 이것은 고유한 현상이다. 따라서 어른이건 아이건 누구나 각자의 특별함을 인정받을 권리가 있다. 진심에서 우러난 따뜻한 말로 "너는 있는 그대로 특별하단다"라고 말해주는 것보다 더 용기를 주는 일은 없다. 네 살배기 아들에게 너무 조건적으로 대했다는 것을 깨달은 어머니가 어느 날 "넌 내게 아주 특별하단다"라고 말했다. 그러자 놀랍게도 아이는 어머니에게 "그렇다고 내가 무언가를 꼭 해야 되는 것은 아니지요?"라고 대답했다. 어린아이는 조건적으로 받아들여지는 것과 무조건적으로 받아들여지는 것의 차이를 아주 잘 알고 있다.

인간의 사회적 존재에 상처 입히는 것들은 무엇인가? 이를테면 관계에서 빚어지는 다음과 같은 언행이 마음을 닫아걸게 한다.

- 존재와 부재에 대한 무관심
- 원하는 명칭으로 부르지 않는 것
- 별명 붙이기
- 외면하기
- 성마르고 까다롭게 대하기
- 멸시하는 태도

- 혼자 내버려두기
- 배척
- 험담
- 거짓 소문 퍼뜨리기
- 모욕적인 태도
- 대화에 끼워주지 않기
- 공공연히 비난하기
- 거만한 태도
- 호의적이지 않은 태도
- 빈정대는 말투
- 이중적인 사회적 기준 적용하기
- 동조하도록 압력하기

신성한
성적 표현을 숨기다

모든 사람의 몸이 신성한 것처럼 각자의 성적 표현도 신성하다. 그러나 개인의 자유로운 성적 표현은 주변 사람들뿐만 아니라 소속된 문화로부터도 심하게 공격받을 수 있다. 그 동안 가정, 학교, 교회, 공동사회, 보호시설, 직장 등을 막론하고 어린이와 여성들의 성적 순결성이 침해당하는 사례가 수없이 관찰되었다. 또한 소년들과 성인 남자들의 성적 순결 역시 빈번히 침해당하고 있다는 사실도 드러나고 있다. 포르노 사업의 확산, 특히 어린이를 대상으로 한 포르노는 그것을 접하는 사람들의 성숙한 성적 표현과 발달을 지속적으로 방해한다. 성적 기호의 차이(동성애, 성전환증, 의상도착증)는 여전히 조롱과 악의적 유머의 대상으로 공격 행위와 폭력을 불러오고 있으며 심지어는 살인으로까지 이어지고 있다.

어른들은 유아들이 자기의 성감대를 발견하고 즐기는 것을 자연스럽게 받아들이지 않는다. 아기가 자기 몸이나 다른 사람의 성감대를 만질 때 어른들은 대개 당황하거나 두려워하며 꾸짖는다. 어린 자녀가 자기 몸을 자극할 때 아이를 거칠게 나무라는 부모도 많다. 이런 반응은 어린이의 성적 성숙에 아주 나쁜 영향을 미칠 수 있다. 또한 이런 반응을 하는 것은 어른들이 스스로의 성적 관심을 자연스럽게 받아들이지 못하고 억압하기 때문이다. 우리가 해야 할 일은 아이들의 성적 관심이 사회적으로 허용되는 분위기를 만들고, 성폭력의 위험성을 깨닫도록 돕는 것이다. 이러한 지도는 성적 발달을 억압하는 것과는 완전히 다르다. 거부나 억압은 '인체의 성감대'를 흔히 '잘못된 부위'로 인식하는 결과를 가져온다. 이외에도 아이들의 성적 표현은 신체적, 언어적, 비언어적인 면 등 다양한 측면에서 방해를 받을 수 있다.

신체적인 방해
- 어린이를 부적절하게 만지거나 껴안는 행위

- 성적인 입맞춤
- 어린이를 성적으로 자극하는 행위
- 음란물(인터넷, 비디오, 잡지)에 노출하는 것
- 음란한 신체 노출
- 어린이에게 성욕을 자극하는 옷 입히기
- 어른이나 다른 아이의 성감대를 만지도록 하는 행위
- 어린이를 대상으로 성교 시도

간접적인 신체 접촉

- 어린이 앞에서 벗거나 어린이를 성적으로 자극하는 것
- 노골적으로 성과 관련된 물건들을 주변에 방치하는 것
- 어린이가 있는 곳에서 포르노를 보는 행위
- 어린이가 있는 곳에서의 자위행위
- 어린이 앞에서의 성행위

언어적인 방해

- 노골적인 성적 대화
- 어린이에게 자기나 다른 사람을 만지도록 요구하는 것
- 성폭력 수준의 이야기
- 어린이에게 성기 등을 보여달라고 하는 것
- 의사처럼 만져달라고 하는 것

더불어 어른의 성적 표현 장애는 어린이의 성적 발달을 신체적으로
나 언어적으로 방해할 수 있다.

직접적인 신체적 방해

- 부적절한 성적인 동작
- 원치 않는 포르노 보기
- 원치 않는 성적 노출
- 불필요한 성적 접촉
- 강요된 성적 접촉

간접적인 신체적 방해

- 음탕한 눈으로 훑어보기
- 추파를 던지는 태도
- 다른 사람을 의식하지 않고 포르노 보기
- 다른 사람이 싫은 내색을 함에도 불구하고 그 사람 앞에서 자위행
  위 하기

언어적인 방해

- 언어적 성희롱
- 사람을 성적 대상으로 묘사하는 대화
- 원치 않는 성적 언어를 말하게 하는 것

- 사람이나 성을 비하하는 성적 농담
- 성을 천시하는 말

평판에 쫓겨
창의성을 잃다

창의성이란 자기를 표현하고 다른 사람을 인정하며 세상을 탐구하게 해주는 특별한 선물이다. 물론 획일성을 강요하고 서로의 차이를 인정하지 않으며 조롱하는 세태가 존재한다. 그럼에도 불구하고 나름대로 보호받기만 한다면 아이들은 항상 자신의 정체성을 지켜나가며 창의성을 발휘한다. 이것은 참으로 놀라운 일이다. 어린이든 어른이든 타고난 개성과 독자성을 인정받는 분위기가 이어진다면, 그래서 특별한 보호 장치가 필요 없게 된다면 자존감과 활력은 몰라볼 정도로 향상될 수 있다.

하지만 유감스럽게도 환경에 잘 적응하고 맡은 역할을 잘 해내는 사람은 좋은 동료나 착실한 사람으로 높이 평가되는 반면에 개성을 발휘하려는 사람은 그다지 높이 평가되지 못한다. 사회적 요구에 따라 형성된 획일성은 일상적인 옷차림에서도 찾아볼 수 있다. 한번은 유람선을 타고 하루 일정으로 탐사 여행을 떠나는 경영학과 학생들과 동행했던 적이 있다. 그런데 모든 남녀 학생이 정장을 입고 왔다. 상황에 맞는 편한 옷을 입기보다는 사업가들의 복장 관행을 따른 것이다. 이 외에도 타인과의 비교, 비난, 경멸, 악의적 유머, 판단, 조소, 조롱, 빈정거림 등 창의성을 방해하는 사례는 셀 수 없이 많다.

창의성의 폭은 성공적인 업적을 지나치게 강조할 때, 또는 결과에 따라 사람의 가치가 규정될 때 급격히 위축된다. 이러한 경우 사람들은 실패가 두려워 재능을 감추거나 성공에 과도하게 집착한다. 성공에 집착하는 사람은 자신과 타인에게 막중한 부담을 지우면서 불가능한 기준에 매달린다. 이런 사람들은 자살의 위험이 높은데, 특히 자신의 창의성이 한계점에 도달했다고 느낄 때 그 위험은 최고조에 달한다. 외적 보상이 아닌 내면의 가치를 즐길 때 창의성은 최선의 결과를 가져온다.

자신보다
더 사랑할 만한 사람은 없기에

사람은 육체적, 정서적, 행위적, 지적, 성적, 사회적인 면에서 충격을 받을 때 영적인 존재에 장애가 생길 수 있다. 모든 사람의 존재는 그 자체로 놀라운 현상이다. 이러한 사실을 존중하는 것은 영성의 고양을 위해 매우 중요하다. 자신과 타인을 진정으로 사랑하게 되기 전에는 영적 존재를 경험할 수 없다. 인류의 대표적인 두 스승이 이러한 사실을 증명했다. 부처는 세상을 모두 돌아보아도 자신보다 더 사랑할 만한 사람을 만날 수 없다고 했다. 예수는 자기를 사랑할 줄 알아야 이웃을 사랑하고 하나님을 사랑하는 길로 나아갈 수 있다고 분명하게 가르쳤다.

영성에 가장 심각한 방해가 제도적 종교 안에서 발견된다는 사실은 매우 아이러니하다. 교의, 도덕, 심판 등은 여전히 많은 종교의 중심 개념이다. 사람은 기본적으로 죄를 타고났다는 것과 소수만이 선택받는다는 개념은 여전히 힘을 발휘한다. 많은 교회가 위계 구조, 우월성, 가부장제 등에 물들어 있다.

개인의 가치를 손상하는 모든 것이 영성을 방해한다. 우리가 영적 존재를 경험하는 데 직접적으로 방해가 되는 것에는 이러한 것들이 있다.

- 영성을 탐구할 기회의 부족
- 영적 경험에 대한 징계
- 영적 믿음과 활동을 조롱
- 사람은 기본적으로 악하고, 죄스럽고, 결함 있는 존재라는 견해
- 사람의 신성성을 인정하고 고무하는 환경의 부재
- 교조적이고 통제적이고 가부장적인 종교
- 영성적 역할 모델의 결여

나 자신도 7년 동안 가톨릭 수도원에서 지내면서 영적인 경험을 했다. 하지만 그 후 수년 동안은 믿음 없이 냉소적인 태도를 취했다. 그리

고 최근에는 내 안의 더 위대하고 지속적인 어떤 존재에 마음을 쏟고 있다. 이런 과정을 겪으며 깨달은 한 가지 교훈은 영성에만 몰입해서는 자신을 온전히 돌아볼 수 없다는 점이다. 영성은 마음과 정신의 현상이다. 따라서 우리의 마음과 정신을 참된 본성을 향해 활짝 열어놓을 때에만 영성의 본질을 들여다볼 수 있다.

한 사람의 정서적 문제가
다른 사람의 존재에 어두운 그림자를 드리우도록
방치해서는 안 된다.

03

자아를
그늘지게 하는
문화

세상에 존재하는
문화의 여러 단계

문화에는 여러 단계가 존재한다. 첫 번째는 개인 안에 존재하는 문화이다. 두 번째는 어머니의 자궁, 가족, 공동체, 학교, 교회, 지역, 국가 그리고 대륙과 세계의 문화이다. 하나의 문화 안에는 하부 문화가 존재할 수 있다. 예를 들어 하나의 공동체 안에는 소수 집단 또는 주변 집단이 존재할 수 있다. 학교를 예로 들면 한 학급의 문화가 하부 문화가되어 학교 전체의 문화와는 독립적으로 존재한다. 하나의 문화 안에서또는 서로 다른 문화들 사이에는 갈등이 존재한다. 하지만 그럼에도모든 문화들은 서로 견고히 연결되어 있다.

문화라는 것이 어떻게 발생했으며 그것이 도대체 무엇인지 정확히 정의하기는 어렵다. 하지만 우리는 문화의 존재를 알 수 있고 그 장점과 단점도 알 수 있다. 문화가 긍정적이고 힘이 있으며 창조적일 때, 모든 구성원에게 풍부한 가능성이 열린다. 건강한 문화는 모든 구성원이 개성을 표현하고 창조적이고 독특한 방식으로 삶을 꾸려가는 것을 인정한다. 또한 건강한 문화는 집단의 영향을 인정하고 모든 구성원을 배려하며 공동 책임을 보장하는 사회 구조를 만든다. 이러한 문화는 구성원들이 서로 교감하고 조화를 이루는 공동 책임과 협동에 초점을 맞춘다. 개인과 집단 간의 권리와 요구에 민감하게 반응하는 문화일수록 친밀감의 수준도 그만큼 높다.

그러나 반대의 경우도 있다. 구성원들이 문화에 지나치게 종속되거나 소속감이 낮을 때는 사기가 저하되고 자존감을 잃으며 위축된다. 지나치게 종속적인 문화는 사회 조직에 의해 과도하게 통제되는 상태를 만들어낸다. 이러한 상태에서는 구성원의 생활에서 개인성, 창의성, 자발성 등이 심하게 통제되고 구성원들이 무기력해진다. 구성원들의 소속감이 낮은 문화에서는 너무 많은 것들이 요구되고 지배, 억압, 엄격함 등이 구성원을 통제하는 데 사용된다. 이러한 문화는 사람들을 타인의 통제에 길들게 하고 진보적인 사고, 개인성, 자기주장, 비순응 등을 무시한다. 그뿐 아니라 문화적 수요가 부족한 현상에도 무관심한 반응을 보인다.

앞서 말한 두 가지 문화보다도 더 암울한 문화가 있다. 여기에서는 완전한 무관심, 착취, 잔인성이 드러난다. 이러한 문화는 폭력, 고문, 공격성, 괴롭힘, 구성원에 대한 신체적, 정서적, 사회적 배려의 결여를 특징으로 한다. 군사정권, 원리주의 종교, 엄격한 징벌에 의존하는 교육제도, 직원들이 톱니바퀴처럼 취급되는 직장, 가족의 안녕을 무시하는 가정 등을 예로 들 수 있다.

겉으로 보기에는 친절과 관심을 베풀고 요구를 잘 들어주는 것처럼 보이지만, 자세히 들여다보면 획일성을 강요하고 외부인을 배척하는 문화가 있다. 이러한 문화는 근본주의, 원리주의, 컬트 같은 용어를 사용하는 폐쇄적 집단이나 공동체에서 찾아볼 수 있다.

문화적인 부조화가 만연한 경우에는 문제점들이 두드러지게 나타난다. 부자는 점점 더 부유해지고 가난한 사람은 점점 더 가난해지는 '부익부 빈익빈' 현상처럼 부정한 하부 문화가 발달한다. 주류 문화가 얼마나 모순적인가에 따라 비밀스러운 문화는 더욱 힘을 얻는다. 이런 현상은 성직자들의 부당한 성적, 육체적 행위가 폭로될 때 밝혀지곤 한다. 오늘날의 종교 단체는 많은 경우 성직자의 성적, 정서적 욕구를 인정하지 않고 있다.

암울한 문화에 짓눌리는 사람들

서로 다른 문화들이 모여 전체 문화를 구성하고, 각각의 문화는 그것이 통제든 지지든 진정한 자아에 강한 영향을 미친다. 예를 들어 가족 문화는 더 넓은 문화에 영향을 받고 그 힘에 순응함으로써 존재를 유지한다. 강압적이고 공포를 불러일으키는 종교 문화가 만연한 곳에서는 가정에 문화적 압력이 가해질 수 있다. 이러한 경우, 특정한 종교를 따르지 않는 사람은 가족의 구성원으로 인정받지 못하기도 한다.

폭압적인 정치 체제, 성적과 학위 중심의 교육 제도, 소수에게 혜택이 돌아가고 다수가 허리띠를 졸라매는 경제 시스템, 노동을 착취하는 직장 문화, 인간적인 측면을 배제하는 의료 관행, 단죄하고 통제하는 데만 열을 올리는 종교 문화, 병명 붙이기와 약물에 집착하며 인간의 영혼을 억압하는 치료 방식, 개인이든 가족 문제든 이미 답을 규정지어 버린 심리 치료 기관, 사람을 함부로 판단하고 차별하는 사회 기관. 이러한 모든 것이 가족과 사람들 간의 관계에 영향을 미친다.

예를 들어 정신분열증 진단을 받은 청소년은 더 이상 가족의 구성원으로 인정받지 못하며 정신 치료 기관의 '보호'를 받아야 하는 경우가 있다. 직장을 구하지 못해 경제적으로 어려움에 처한 젊은이는 사회 기관에 의해 하류 시민으로 취급되는 경향이 있다. 학교에서 도태된 학생은 가족에게도 부끄러운 존재가 되며 교육 제도 안에서 실패자로 취급된다. 한편 학업 성적이 우수하거나 스스로의 힘으로 출세한 사람은 다른 사람보다 뛰어나다고 칭송을 받지만, 실제로는 직장에서 착취를 당하는 경우가 흔하다. 의료 기관이 병든 사람을 부담스러운 존재로 여기며 병약한 실패자로 취급하는 경우도 있다. 종교를 믿지 않는 사람은 징벌의 대상이 되고 정치에 무관심한 사람은 무책임한 사람으로 분류된다. 가정이 이러한 악영향에 제대로 대응하지 못하면, 개인은 어둠의 세계를 떠맡게 되고 그 결과 매우 어려운 상황에 처할 수밖에 없다.

가족, 최초의 빛과 어둠

가장 강력한 문화적 경험은 가족 안에서 일어난다. 이것은 최초의 문화적 경험이며 개인이 발산하는 빛과 어둠에 가장 큰 영향을 미치는 원인이 되기도 한다. 가치관, 태도, 전통, 가훈, 규범 등은 가정마다 다르지만 교회, 공동체, 학교, 직장, 국가 같은 더 넓은 문화에 깊은 영향을 받기도 한다. 남성과 여성, 아버지와 어머니의 역할에 대한 보수적인 개념은 여전히 남성과 여성 모두를 억압하고 있다. 적어도 서구 사회에서는 여성들이 이전에 비해 부엌과 침실에서 상당히 벗어났다고 말하는 사람도 있다. 하지만 수많은 여성이 여전히 가사와 육아의 책임을 떠맡고 있다.

많은 남성들 역시 여전히 가족이나 배우자보다 사회적 위치를 중요하게 여기며 생계를 책임지고 있다. 아직도 많은 남성이 역경에 부딪히더라도 용감한 모습을 보여야 하고, 울거나 약하거나 후회하는 모습을 드러내서는 안 된다는 부담을 안고 있다. 또한 자신의 공격 성향을 완전히 통제할 수 있다고 믿고 있지만, 유럽과 미국에서는 여전히 많은 여성들이 남편이나 남자 친구에게 폭행을 당하고 있다. 그리고 남성에게 폭력을 행사하는 여성의 수도 증가하고 있다.

아직도 '남자 아이는 남자다워야' 하므로 강인하게 키워야 하고, '여자 아이는 여자다워야' 하므로 헌신적이고 타인을 배려할 줄 알도록 양육해야 한다는 개념이 아이들의 교육에 영향을 미치고 있다. 때문에 여성들은 여전히 보살핌에 대한 집착이 강하고 남성들은 일에 대한 집착이 강한 경향이 있다. 과거에 비해 많이 나아지긴 했지만 가족 안에서의 성에 대한 이러한 태도는 성을 금기시하는 결과를 낳고 있다.

세계화와 다원주의는 최근 20여 년 동안 우리의 문화에 깊은 영향을 미쳤다. 그리고 잘못된 종교 문화가 가정, 교육, 사회, 성, 정치 등 다양한 영역에 미친 악영향을 많은 부분 개선되게 했다. 다원주의의 영향으로 인간관계, 자녀 양육, 교육, 직업 교육, 종교와 영성 면에서 유연한 태도가 널리 퍼진 것은 분명하다.

하지만 이러한 긍정적인 변화에도 불구하고 가족 구성원의 존재를 위축시키는 문화들은 여전하다. 스스로 어둠의 상태를 벗어나지 못한 사람이 준비나 훈련 없이 부모 역할을 맡는 것이 가장 큰 문제일 것이다. 스스로 어둠의 상태를 벗어나지 못한 사람은 자기 자신조차 돌보기 어렵다. 모든 문화의 중심이 되는 가족 문제는 더 진지하게 다뤄져야 한다. 정부는 그럴 듯한 말로 가정의 중요성을 강조하지만 실제로 도움되는 조치를 취하는 경우는 드물다.

정부를 비롯한 사회 기관들은 편모나 편부 가정, 이혼 가정, 동성 부모, 대리 부모, 맞벌이 부모가 급속하게 증가하는 현상에 적절하게 대응하지 못하고 있다. 그리고 이러한 변화들이 자녀 양육에 미치는 악영향에도 별 다른 대안을 갖고 있지 못하다. 이혼이나 별거가 자녀의 성장에 심각한 악영향을 미친다고 단정할 수는 없다. 하지만 어떤 경우든 부모의 갈등은 자녀의 성장에 큰 영향을 미친다. 특히 이혼이나 별거 후 어머니에게 아이들이 맡겨지고, 아버지가 부재한 가족이 증가하는 것은 매우 염려스러운 일이다.

우리는 가족의 붕괴를 한탄하는 목소리를 자주 듣는다. 하지만 과연 가족 해체만이 문제일까. 아이들의 개성과 차이점, 자유와 독립심을 지지하고 격려해주는 가족들이 붕괴되고 있다면 그것은 분명 안타까운 일이다. 하지만 가족 구성원들에게 획일적인 순종을 강요하고 비싼 대가를 치르면서까지 '모든 가족이 행복하다'란 환상에 집착하는 경우도 많다. 가족마다 형태와 규모, 구성은 서로 다르다. 정말 중요한 것은 일상적인 가정생활을 이끌어가는 태도이다.

자아를 어둡게 하는 가족 문화의 특징
- 필요성을 확신하며 체벌함
- 자녀에 대한 신체적, 정서적 학대
- 형제 간의 신체적, 언어적 괴롭힘
- 부부 갈등
- 지배와 통제

- 이중적 기준
- 정서 결핍
- 위계적 가족 관계
- 양부모의 방해와 강요
- 사랑의 부족
- 과잉보호와 방치
- 종교를 강요
- 부모의 중독 문제
- 부모의 만성적 정서 장애
- 부모의 만성 신체 질환이나 불구 상태
- 부모의 성생활 문제
- 경제적인 궁핍
- 남녀 역할에 대한 고정관념
- 개인 생활의 결여
- 불안 징후의 무시

부모의 과잉보호와 과잉 간섭은 자녀들에게 어두운 영향을 미친다. 스스로 인생을 살아가려는 권리를 포기하거나 무기력, 의존성 같은 반응을 일으키는 것이다. 반면에 자녀에게 무관심하고 방관적인 부모는 자녀로 하여금 냉담하고 냉소적인 태도를 취하게 한다. 부모가 자녀를 격려하거나 개성을 존중하지 않았기 때문이다. 권위적이고 통제적인 가정은 회유, 비난, 징벌, 공포 분위기 조성 등으로 질서를 유지한다. 이러한 가족의 구성원이 특정한 영역에서 높은 성취도를 보여줄 수도 있다. 하지만 이것은 삶에 대한 사랑과 도전정신으로 이룬 것이 아니라 공포감에 쫓긴 결과다. 사랑받지 못하는 데서 오는 불안은 이들의 인생에 큰 장애가 된다.

공동체 생활을 하는 가족들 중에는 개인 생활을 인정하지 않는 경우도 있다. 이들은 개인의 삶을 희생시키면서 하나의 정체성을 만들어 간다. 거대한 어둠에 가려진 가족은 획일성, 엄격한 순응, 외부 문화로부터의 격리 같은 특징을 갖는다.

내면의 정서를 표현하는 것을 금지하는 가족도 있다. 이들은 모든 감정, 특히 사랑하고 사랑받으려는 욕구를 억누른다. 감정 표현이 금지된 가족들 사이에서는 공포, 분노, 슬픔, 당혹스러움 같은 위기 감정의 표현도 허용되지 않고 사랑, 기쁨, 흥분, 열광 등 행복감도 마찬가지로 표현할 수 없다. 이러한 가족 안에서는 신체적, 교육적, 직업적인 발달은 이루어질 수는 있겠지만, 사랑을 표현하고 요구하는 일은 불가능하다.

가장 먼저 이해해야 할 사실은 어두운 가정을 만드는 부모 자신이 어둠에 갇힌 사람들이며, 상처받은 경험으로부터 스스로를 보호하기 위해 노력하고 있다는 것이다. 이들의 의도는 가족 구성원들의 존재를 방해하는 것이 아니다. 내면에 존재하는 소외감으로 인한 고통을 줄이려는 것이다.

학교,
지식과 지성의 혼동

많은 학교의 문화들이 학생과 교사를 위축시킨다. 높은 결근율, 질병과 스트레스로 인한 조기퇴직, 심한 피로와 무관심, 무엇보다 의욕이 떨어지는 현상은 학교 문화에 매우 심각한 악영향을 미치고 있다. 이러한 학교는 구성원의 개성, 권리, 욕구에 무감각하다. 이들은 교육에 대한 근시안적 해석에 갇혀, 대학 입시가 인생을 결정한다는 잘못된 믿음 아래 입시에서 좋은 성과를 거두는 데만 매달린다. 학업의 성취를 이루어야 한다는 부담감은 학생과 교사 모두를 짓누른다.

오늘날 지식과 지성은 혼동되고 있다. 학벌 위주의 교육은 학생들에게 '둔한', '부족한', '더딘', '평범한', '똑똑한', '우수한' 같은 꼬리표를 붙이고 있으며, 이는 학생들의 자아상에 심각한 영향을 미친다. 이렇게 형성된 자아상은 많은 경우 평생 동안 지속된다. 우수한, 똑똑한, 천재 같은 수식어가 붙은 학생은 행운아로 분류될 수도 있다. 그러나 이러한 꼬리표가 붙은 학생은 높은 기대치를 만족시키기 위해 극심한 스트레스를 받는다. 늘 똑똑한 사람이 되어야 한다는 커다란 스트레스는 아둔한 사람이라는 꼬리표에서 비롯되는 압력과 마찬가지로 파괴적이다. 완벽하려고 애쓰는 이는 다른 사람들보다 자살 가능성이 높다.

학생의 개인성과 신성한 인격, 독창성, 차이를 존중하지 않는 학교 문화는 우리 안에 잠재한 놀랍고도 강력한 능력을 방해한다. 비인격적인 교육 철학은 학생의 정서적, 사회적, 신체적, 성적, 교육적, 지적, 창조적, 영적 발달을 감싸 안지 못하고 그것을 접하는 모든 이들의 삶에 어두운 그림자를 드리운다.

교과 과정도 중요하다. 학교는 구성원이 신체적, 정서적, 사회적, 지적, 성적 안전을 추구할 권리를 보장해야 한다. 그리고 교과 과정의 문제를 겸허하게 인정하고 해결 방안을 모색해야 한다. 이러한 조건들이 충족되지 못하면 교과 과정과 관련된 모든 사람의 존재는 방해받는다.

정도의 차이는 있지만 집단 괴롭힘 문제는 어느 학교에나 존재한다. 학생들 사이에서뿐만 아니라 교사와 학생, 교사와 교사, 교사와 학부모, 학교 당국과 교사 사이에도 있다. 집단 괴롭힘의 결과는 치명적이다. 자존감이 크게 손상될 수 있으며 소극적인 공포 반응, 학업 장애, 퇴학, 우울증, 역공격 반응, 폭력, 심지어는 자살이나 살인까지도 불러일으킨다. 집단 괴롭힘이 허용되는 상황이 계속되면 우리 아이들이 살아갈 미래 사회는 어두울 수밖에 없다. 아무런 제재를 받지 않고 다른 사람을 괴롭히던 학생들은 과연 인간에 대해 어떤 시각을 갖게 될까?

학급당 학생 수가 지나치게 많은 경우에도 학생들은 자신의 잠재력과 재능을 탐구할 기회를 충분히 가질 수 없다. 또한 교사도 능력을 충분히 발휘할 수 없다. 교사는 학생들을 관리하는 데 많은 시간을 보내게 되며, 학생 지도와 동기부여의 어려움, 소외의 문제에 직면한다. 심리적, 사회적 지원이 부족하거나 현실적이지 못한 경우 좌절감은 가중된다. 학교 당국은 교사에게 교과 과목을 가르치는 것 이상의 짐을 지우는 경우가 많다. 임상 심리학자 역할을 시키는가 하면 교육 심리학자, 가족 치료사, 상담원, 심지어 영적 지도자 역할까지 떠맡기기도 한다. 교사는 전문직이므로 정부나 가정의 통제를 받아서는 안 된다. 이런 식의 통제는 교사가 교실과 학교의 많은 문제를 떠맡는 원인이 된다.

학교에 대한 소속감이 극단으로 치우치면 학생과 교사는 위축되고 통제당하는 느낌을 받는다. 오늘날에는 소속감이 약한 경우가 더 많다. 이런 경우에는 시험 결과와 성적 등 학업의 성취와 엄격한 규율이 강조되며, 학생들의 정서적, 사회적, 창의적, 영적인 측면은 거의 무시된다. 적응을 잘 하는 학생은 칭찬받고, 기대에 미치지 못하는 학생은 심한 벌을 받는다. 소속감을 지나치게 강조하는 학교는 학생들에게 너무 많이 간섭한다. 또 학생들에 대한 기대 수준이 낮고, 학생들의 도전 의식을 일으키지 못한다. 이들은 학생들의 놀라운 잠재력과 재능에 대한 믿음이 부족해 무기력을 조장한다.

지나치게 소속감이 약한 경우는 '머리'로 너무 많은 것을 기대하는 반면, 소속감이 너무 강한 경우에는 '가슴'으로 모든 것을 처리하려는 경향이 있다. 머리와 가슴을 모두 사용해 학생과 교사를 대할 때 건강한 학풍이 세워진다.

자아를 어둡게 하는 학교 문화의 특징
- 교사의 가치 평가와 관심보다 우선되는 학업 성적
- 교과목의 편중 현상

- 지식과 지성의 혼동
- 교사와 학생에 대한 이중적 기준
- 비효율적인 리더십
- 학생에 대한 단정적인 평가
- 압박적인 꼬리표
- 학생과 교사의 독창적 잠재력과 재능에 대한 탐구의 제한
- 부모의 무관심
- 학교 정책과 의사결정에 중요한 구성원(부모, 교사, 학생)들의 참여 배제
- 학생의 인격보다 학업을 우선하는 태도
- 교직원의 낮은 업무 능력
- 집단 괴롭힘에 대한 대책 부족
- 부족하거나 부적절한 징계 체계
- 학생과 가족에 비우호적 태도
- 성취에 대한 지나친 보상
- 교직원의 낮은 근로 의욕
- 실패에 대한 징계
- 학생 개인에게 특화된 도움의 부족
- 소외되는 교사
- 전문적 도움이 필요한 교사들의 방치
- 공격적이거나 소극적이거나 수동 공격적인 수업 방식

- 교사의 비교육적인 행동
- 학생들의 도전의식 억압

한번은 강연이 끝난 후 젊은 엄마가 다가와 이런 말을 한 적이 있다.

"여섯 살배기 딸이 있는데 학교에 가기 전 아침마다 배가 아프고 메스껍고 머리가 아프다고 말해요. 학교에 들어간 첫해에는 이런 증상이 전혀 없었고 매일 신이 나서 학교에 갔거든요."

그러자 아이가 이렇게 덧붙였다.

"첫해에는 아주 좋은 선생님을 만났었어요."

나는 엄마에게 물었다.

"올해의 선생님은 어떤가요?"

"아주 비판적이고 까다롭고 아이들에게 소리를 잘 지른다는 평이 있더군요."

나는 또다시 물었다.

"아이가 학교에 갈 때마다 두려움 때문에 아픈 증상을 보이는 것인데 어떻게 할 겁니까?"

"내가 할 수 있는 게 아무것도 없어요. 많은 부모들이 불평하지만 변하는 건 아무것도 없어요. 그래도 내년에는 좋은 선생님을 만나게 되겠지요."

나는 내년이 되면 아이가 학교에 완전히 흥미를 잃을 수도 있다고 생각했다. 그리고 내년이 되어도 학교가 안전한 곳이라고 믿게 해줄 만큼 좋은 선생님을 만난다는 보장도 없었다. 나는 아이 엄마에게 교장을 만나 문제가 해결될 때까지 아이를 학교에 보내지 않을 것이며, 해결책이 나오지 않으면 다른 학교로 옮기겠다는 의사를 밝히라고 조언했다. 또한 그 문제를 교육부에도 알리는 것이 좋겠다고 제안했다. 내가 그렇게 말한 것은 교사의 지위를 위협하려는 의도가 아니었다. 한 사람의 정서적 문제가 다른 사람의 존재에 어두운 그림자를 드리우도록 방치해서는 안 된다는 생각 때문이었다. 문제가 된 교사의 경우는 학교 측의 개입이 필요한 상태였다. 이러한 상태를 방관하는 것은 학교가 문제를 해결하지 못하고 있는 대표적인 경우이다.

종교,
통제와 죄의식

세계에서 큰 영향력을 행사하고 있는 종교들에는 가부장적이라는 평가가 뒤따르는 경우가 있다. 가부장적인 경향은 여성의 존재에 어둠을 드리운다. 기독교에서는 인간을 근본적으로 악하고 결함이 있는 존재로 본다. 이러한 생각은 모든 개인 안에 있는 참되고 성스러운 존재를 방해할 수 있다. 종교인들은 옛날부터 지금까지 공포감을 신도들을 통제하는 무기로 사용했다. 이러한 통제의 결과, 자신이 무가치하다는 생각과 함께 삶과 죽음에 대한 공포가 나타나게 되었다.

한 사람이 가치 있는 존재가 되거나 선택받은 소수만이 구원을 얻는다는 개념은 심각한 차별로 이어진다. 신부와 수녀에게 강요된 독신 생활과 자연 피임 같은 것이 신도들에게 큰 부담을 줄 수 있다. 이혼과 성생활을 금기시하는 태도는 많은 사람들을 섹스리스 상태와 사랑 없는 결혼 생활, 때로는 강요된 결혼 상태에 가둘 수 있다.

종교 체계에서 나타나는 위계 구조는 지위의 높고 낮음을 드러낸다. 어떤 사람들을 사제, 수녀, 수사라고 부르는 일은 특정한 사람이 다른 사람들보다 더 성스럽다는 것을 암시할 수 있다. 아이러니한 이야기이지만 이것은 극단적인 신성모독이라고도 할 수 있다.

종교적 영향 아래 있는 교육 제도에서는 우선 교과목이 제한된다. 그뿐 아니라 신도가 아닌 사람과 차별되는 경향이 나타나기도 한다. 동성애적 성향을 가졌거나, 신자가 아니거나, 부정하다고 일컬어지는 관계에 있는 교사, 학생, 부모는 자신의 진정한 자아를 숨겨야 하며 자신의 비밀이 밝혀질까 두려워하게 된다.

죄, 고백, 용서라는 종교적 개념은 판단하고 통제하는 특성이 있으며 죄의식을 불러일으킨다. 어떠한 문화가 존속하려면 구성원들 사이의 책임감이 매우 중요하다. 하지만 꼬리표 붙이기, 판단하기, 소외시키기, 배척하기, 위협하는 행동 등은 모든 이의 마음속에 있는 선과 동정심에 어둠을 드리운다.

교회 안에는 예수의 영성과 지혜를 고양시키려고 애쓰는 사람들이 있다. 하지만 여전히 해묵은 틀이 견고히 남아 있고, 이 틀은 근본적으로 큰 어둠을 드리우고 있다.

자아를 어둡게 하는 종교 문화의 특징

- 통제
- 엄격한 순응 요구
- 차별(성적 취향)
- 교조주의
- 이중적 기준
- 계층적인 권력 구조
- 판단하기
- 동정심의 부족
- 사랑이 아닌 교리 중심의 운영
- 도덕지상주의
- 반성하지 않는 경향
- 가부장적인 경향
- 사람을 본질적으로 악하고 결함 있는 존재로 보는 것

직장,
경쟁과 착취

직장 문화는 전통과 가치에 기반하고 있다는 점에서 다른 문화들과 유사하다. 하지만 다른 문화들보다는 관심 분야가 좁다는 특징을 갖고 있다.

전통적으로 직장 문화는 개인에게든 부부에게든 가족에게든 친화적이지 않았다. 많은 사람들이 직장에서 경험하는 익명성에 대해 불평한다. 그리고 소외감과 굴욕감을 호소한다. 미국의 경우 대부분의 직장에서 괴롭힘의 문제가 존재한다. 연구에 따르면 영국에서는 90퍼센트의 직장인이 어떤 형태로든 괴롭힘을 경험하고 있다.

일부 직장의 경영 방식은 군사 문화의 영향을 강하게 받고 있다. 직원들에 대한 통제와 높은 생산성을 강조하는 엄격한 체제가 대표적인 예이다. 운동 경기 방식의 문화도 있다. 훌륭한 플레이어에게는 보상이 주어지고 실적이 좋지 않으면 밖으로 밀려난다. 무슨 수를 써서라도 이겨서 게임을 계속해나가는 것이 중요하다. 개인성, 남다른 것, 비순응적인 것은 위험한 것으로 간주하고 무시하며 배척한다.

한편 '행복한 대가족'을 표방하는 직장도 있다. 하지만 여기에서는 '행복한 대가족'이 개인의 발전이나 진짜 가족, 부부 관계보다 우선시된다. 개인성은 인정받지 못하고 순응적인 것은 지지를 얻는다.

이러한 직장에서는 노동자들과의 관계가 매우 조건적이다. 일단 경쟁에 뛰어들어 성실하게 일하면 조건적인 관심과 존중, 승진, 금전적 보수 등이 보상으로 주어진다. 하지만 이런 문화는 독립심과 독창성을 길러주지 못한다. 그리고 결국 개인이나 가족과 대립적인 관계를 형성한다.

앞서 말한 것보다 훨씬 더 암울한 직장 문화도 존재한다. 이러한 문화에서는 노동자를 기계나 동물처럼 다룬다. 개인, 가족, 부부 관계가 존중되지 않고 노동 착취가 일상적으로 이루어진다. 인간적인 노력의 가치를 인정하지 않고, 언어적, 신체적 위협으로 노동자들을 규제하며, 불의에 대항하는 모든 시도에 징벌을 내린다. 몇몇 제3세계 국가들에서는 이러한 직장 문화가 주류를 이루고 있다. 나는 상담 경험을 통해 유명 기업이나 가족 기업을 표방하는 직장에서도 심각한 직원 천시 현상이 일어나는 것을 확인할 수 있었다. 이러한 직장 문화는 고용인뿐만 아니라 고용주의 자아 표현까지 방해한다.

자아를 어둡게 하는 직장 문화의 특징

- 인격보다 승진 중시
- 지루하고 반복적인 작업
- 괴롭힘
- 일반 종업원과 경영진에 이중적인 기준 적용
- 불평등
- 이해의 부족
- 부당한 임금
- 업무 조건이나 업무 설명의 자문 부족
- 노동자의 생명에 대한 배려 부족
- 상호 존중하는 의사소통의 부족
- 기술 개발, 책임감 훈련, 잠재력 표현을 위한 기회 부족
- 과다한 업무 시간

- 공격적이거나 수동적인, 또는 수동 공격적인 경영 스타일
- 개인, 부부, 가족 관계에 친화적이지 않은 분위기
- 열악한 작업 조건
- 이익에만 집중하는 경향
- 성희롱
- 부당 해고

어둠에 갇혀 있는 사람을 진실의 빛으로 상대하는 것은
자신과 상대방 모두를 사랑하는 행동이다. 이것은 두 사람 모두가
진실해질 수 있는 기회가 된다.

04

그림자 속에
숨는 나

나를
감추는 나

국가는 국경과 정치적, 사회적, 종교적 문화를 지키기 위해 강력한 무기를 개발한다. 이는 대체로 합당한 수단으로 받아들여지고 있다. 사람들은 집, 자동차 등에 경보 장치를 달고 경비견을 기르거나 총, 칼, 곤봉 같은 장비를 휴대함으로써 자신을 지킨다. 이러한 조치에 의문을 갖는 사람은 없다. 하지만 개인성의 표현을 위협하는 것들로부터 자신을 보호하려는 사람의 노력에 대해서는 그만한 이해와 관용을 보여주지 않는다. 이러한 부정적인 반응은 외부 세계의 틀에서 벗어나려는 사람들에 대한 불안감의 표현이다. 진정한 나를 찾아나가려는 적극적인 태도는 필연적으로 다른 사람들의 불안을 자극하고 장애물을 만든다. 따라서 적당한 시기가 될 때까지 우리의 참 자아는 그림자 안에 교묘히 숨어 있게 된다.

나를 지키기 위한 방어 행동

어떤 부모가 한 젊은 여성을 내 사무실로 보낸 적이 있었다. 부모는 그녀가 매우 소극적이고 외출을 꺼리며 친구도 없고 자신감이나 야심도 전혀 없다고 했다. 실제로 그녀는 내가 지금까지 만난 사람들 중 가장 수줍어하는 젊은이었다. 고개를 숙인 채 얼굴을 한쪽으로 돌리고 시선도 맞추려 하지 않았다. 구부정한 자세에, 목소리는 알아들을 수 없을 정도로 작았다. 그녀는 한 가지 질문을 할 때마다 계속 사과의 말을 덧붙였다. 그리고 이렇게 물었다.

"그런 걸 물으면 안 되는 거였죠?"

나는 그녀에게 물었다.

"자라 보고 놀란 가슴 솥뚜껑 보고 놀란다는 속담을 들어봤나요?"

"네, 있어요."

"그러면 지금까지 징그러운 자라를 몇 번쯤 본 것 같나요?"

그녀는 거리낌 없이 대답했다.

"700~800번쯤요."

그녀는 성장 과정에서 오만하고 강압적인 어머니로부터 심하게 위협받았을 뿐 아니라 학교 생활 내내 동급생들로부터 괴롭힘을 당했다. 그녀의 아버지는 몹시 소극적인 성격이어서 아내의 완고한 행동을 견제할 수 없었다. 나는 그녀에게 자신이 극단적인 수줍음과 접촉 회피라는 방어 수단을 개발하는 데 얼마나 천재적이었는지 일깨워주었다. 참 자아를 표현하는 것을 방해하는 행동이 강하게 일어날수록 그만큼 자신을 보호하려는 강도도 높아진다. 이 젊은 여성은 세상 사람들로부터, 그리고 자신의 존재를 인정하지 않는 사회로부터 숨는 방법을 영리하게 배워온 것이다. 그녀는 약한 사람이 아니라 참 자아에 대한 지속적인 공격을 막아내는 방패 같은 사람이었다.

이 젊은 여성의 방어 행동 속에는 참 자아를 지키기 위한 행위적, 정서적, 사회적, 신체적, 지적 측면이 다양하게 포함되어 있었다. 중요한 사실은 이러한 반응들이 자아에 대한 공격에 대응하여 창의적으로 고안되었다는 것이다. 보호가 필요한 사람이 주변 사람들에게서 이해받지 못할 경우 비판적이고 적대적인 반응이 나타날 수 있다. 그리고 이것은 그 사람이 스스로를 보호하려는 전략을 더욱 강화하도록 만든다. 자세히 살펴보면 그녀가 고안한 보호 장치들은 매우 정교하며 고무적인 면까지 지니고 있다.

행위적인 면에서의 보호 장치

위험 부담 피하기   실패하지 않는다는 것이고, 이는 웃음거리가 되지 않는다는 것을 의미한다.

야망의 부족 야망이 없으면 기대도 하지 않게 되고, 기대하지 않는다는 것은 실패나 비판을 피할 수 있다는 것을 의미한다.

타인으로부터 비난받기 자신의 '불행한 상황'에 대해 부모, 동료, 선생으로부터 비난을 받음으로써 보호할 만한 가치가 있는 자기 자신을 무시해버린다.

방에 틀어박혀 지내기 접촉하지 않으면 상처받지도 않는다.

학교에서 남들과 어울리지 않기 고립되면 괴롭힘을 받지도 않는다.

신체적인 면에서의 보호 장치

시선 피하기 접촉을 피함으로써 상처받을 가능성을 피한다.

구부정한 자세 동정심과 조심스러운 반응을 일으키며 기대감을 감소시키는 역할을 한다.

고개 숙이고 돌리기 역시 동정심을 일으키며 기대감을 감소시킨다. 기대하지 않기 때문에 부모, 동료, 교사가 불만을 품을 가능성도 없어진다.

지적인 면에서의 보호 장치

스스로에게 '약하다'라는 꼬리표 붙이기 동정심을 불러일으키며 사람들이 관심을 덜 갖게 하는 효과를 낳는다.

잘 적응하는 사람과 자신을 비교하기 자신에게 집중하지 않고 타인에게 초점을 두게 되므로 도전할 필요가 없어진다.

자신에 대한 잘못된 이미지　자신을 추하고 사랑스럽지 못하고 불쌍하다고 상상함으로써, 자신의 회피 행동을 정당화하고 동정심을 불러일으켜 타인을 통제한다.

사회적인 면에서의 보호 장치

사회 공포증　외부 세상, 그리고 사람들과의 모든 접촉을 피함으로써 상처받을 수 있는 상황 자체를 피한다.

정서적인 면에서의 보호 장치

수줍음, 우울, 두려움, 소극적인 태도, 상처받기, 다른 사람들에 대한 은밀한 적개심
정서적인 취약점은 현실과 맞닥뜨릴 가능성을 줄이거나 없애기 위해 고안된 장치이다. 사람들로 하여금 한 발 물러나서 어떠한 요구도 하지 않게 만드는 효과가 있다.

참 자아가 사용하는
다양한 보호 전략

참 자아의 표현을 방해하는 원인은 다양하다. 이러한 방해가 얼마나 자주, 강하게, 지속적으로 일어나는가에 따라 참 자아를 얼마나 숨기는지가 결정된다. 보통의 경우 사람은 보호적인 방어 전략으로 자아를 숨긴다. 참 자아에 대한 공격이 부분적인 것일 경우에는 특정한 영역에서만 참 자아를 숨긴다.

예를 들어 남자라는 이유로 공포감, 당황, 슬픔, 비애, 외로움 같은 정서의 표현이 억압받는다면, 이런 정서들만 교묘히 드러내지 않게 된다. 흥분, 만족, 분노 같은 다른 정서를 드러내는 것이 안전하다고 느끼는 것이다. 또한 자신감과 사랑을 느낄 수 있는 특정한 사람들과 함께 있을 때는 억눌렸던 정서도 표현할 수 있다.

독창성을 표현하려는 시도가 타인에 의해 좌절될 때, 그에 대한 반응으로서 완전히 마음을 닫을 수도 있다. 대응 반응은 자신을 있는 그대로 드러내는 데 대한 위험을 줄이거나 없애주는 보호적이고 방어적인 전략의 형태를 취할 수 있다. 참 자아를 부분적으로 또는 전적으로 숨길 필요가 있을 때는 공격적인 대응, 수동적인 대응, 수동공격적인 대응, 망상적인 대응 같은 방어 전략을 취할 수 있다.

공격적인 대응은 타인을 뒤로 물러서도록 함으로써 그들의 억압을 통제하려는 전략이다. 그러나 반대 세력의 허를 찌르는 것이므로 항상 자신에 대한 단서를 외부에서 찾아야 한다. 그 결과 자기의 내면세계에 접촉하기 어려워진다.

수동적인 대응은 아무리 불합리하더라도 외부 요구에 순응함으로써 위협을 감소시키려는 전략이다. 지속적으로 타인을 달래는 것, 문화 규범에 대한 순응 등은 참 자아의 표현을 집어삼키려는 '괴물'에게 먹이를 주는 것이다. 괴물은 먹이를 주는 사람의 손을 물지 않기 때문이다.

위협 상황	공격적 대응	수동적 대응	수동공격적 대응	환상적 대응	망상적 대응
"넌 바보 같은 놈이야."	"사돈 남 말 하네. 꺼져."	'그래, 맞는 말이야.' 침묵하기.	불쾌해진다. 생활이 힘들어진다.	불만을 늘어놓는다. 스스로 얼마나 똑똑한지, 세상이 나로 인해 어떻게 구원받을지 상상한다.	'부모가 이러는 건 다 나를 위해서야' 또는 '더할 나위 없이 좋은 부모야' 하고 생각한다.
"넌 참 똑똑해."	"나한테 도대체 뭘 바라는 거야. 됐어."	'부모님이 자랑스러워하겠군' 하고 생각한다. 더 열심히 노력한다.	탈진한다. 몸살을 앓는다.	세계 최고가 된 상상을 한다.	악마에게 사로잡혔다고 생각한다.
"넌 실패작이야."	"누가 그런 엉터리 같은 생각을 하게 만든 거냐?" 난폭한 거부의 행동을 보인다.	나를 사랑한 사람은 없다고 생각한다. 사람들을 기피한다.	즐거워지려 노력하지만 자학적 행동을 한다.	'모든 사람이 나를 알고 있어'라고 생각한다.	'나는 예수 그리스도' 라고 생각한다.
"넌 날 위해 존재하는 거야."	통제에 대해 반항한다.	'널 위해 희생할 거야' 라고 생각한다.	포기하지만 몸이 아파진다.	아련한 꿈같은 세상을 꿈꾼다.	'이렇게 행복한 가족이 있다니' 라고 생각한다.
"난 너만을 위해 존재하는 거야."	공격적인 행동을 한다.	무기력해진다.	받아들이지만 지나치게 요구한다.	영웅이 된 환상에 사로잡힌다.	부모가 날 위해 모든 걸 해준다고 생각한다.

| 참 자아가 위협당할 때 유형별 반응 |

수동공격적인 대응은 수동적인 대응과 공격적인 대응을 합쳐놓은 것이다. 위협받는 사람은 한편으로는 외부 통제를 묵묵히 따르지만, 다른 한편으로는 억압하는 사람의 삶을 힘겹게 만듦으로써 보복한다. 예를 들어 남성에게 억압당하고 있는 여성이 남성의 요구를 들어주면서도 심리적으로 문제를 일으키는 경우를 생각해볼 수 있다. 이러한

방어 반응에는 다음과 같은 메시지가 담겨 있다.

"내가 당신에게 맞추느라고, 또 당신을 기쁘게 하려고 얼마나 애쓰는지 봐요. 하지만 내게 부당하게 대하면 생활이 얼마나 힘들어지는지도 한번 생각해봐요."

망상적인 대응은 현실에서 잃은 것을 상상의 세계에서 보상받으려는 것이다. 대부분의 삶을 꿈속에서 사는 사람은 현실의 고통을 줄이기 위해 이러한 전략을 선택한다. 이것은 자신이 무시당하는 현실을 왜곡하는 교묘한 수단으로서 '세상은 괜찮은 곳'이란 가짜 확신을 만들어낸다. 가장 일반적인 망상은 우리가 모두 행복한 가족을 가졌다고 믿는 것이다. 사람들은 흔히 자신에게는 아무런 문제가 없다고 스스로를 속이는데, 이는 사회 제도, 학교, 직장, 정부 등이 흔히 쓰는 수법이다. 위협이 심할수록 망상도 심해진다. 망상은 타인에게 거부당하는 경험을 의식에서 지우는 역할을 맡는다.

참 자아의 고유한 표현 숨기기

참 자아가 안전하다고 느낄 때는 그 고유한 존재가 다양한 방식으로 표현된다. 이와 비슷하게, 참 자아가 위험하다고 느낄 때 그것을 보호하려는 전략 또한 육체적, 성적, 정서적, 지적, 행위적, 사회적, 창의적, 영적 표현을 숨기는 다양한 모습으로 나타난다.

위협 상황	공격적 대응	수동적 대응	수동공격적 대응
"똑바로 앉아."	버럭 화를 낸다.	요구에 순응한다.	요구에 따르지만 요통이 생긴다.
"못나기는."	"거울이나 보고 말하지."	시인하고 사회적 위험을 피한다.	시인하지만 그렇게 말한 사람을 남들 앞에서 험담한다.
"돼지처럼 처먹기만 하지."	먹기를 거부한다.	먹는 걸 삼간다.	실컷 먹지만 토한다.
"넌 우리 가족 중 몸매가 제일 잘 빠졌어."	"기분 좋으라고 하는 말인 줄 알아."	신경 쓰며 다이어트에 매달린다.	그런 평을 인정하지만 평범해보이는 사람에게 매력을 느낀다.
"자꾸 살만 찌는구나."	"엿이나 먹어! 넌 좋은 말은 할 줄 모르니."	울면서 변명하려 들지 않는다.	시인하지만, 남들이 좋아하는 음식에 대해 평하지 않는다.
"매를 버는구나."	등을 친다.	몸을 움츠리며 부루퉁한 표정을 한다.	스스로 그런 대접을 받아 마땅하다고 생각하지만 약자 역할을 한다.

| 육체적 표현을 가로막는 위협에 대한 유형별 반응 |

육체적·성적 표현 숨기기

어떤 사람이 나에게 육체적, 성적 위협을 가한다면 그는 법적으로 제재받을 것이다. 하지만 분명 법이 존재함에도 불구하고 물리적인 폭력과 성폭력은 줄고 있지 않다. 그다지 놀랄 일도 아니다. 어둠의 문화 안에서는 법이 사람의 마음을 움직이지 못하기 때문이다. 사회 변화를 위한 정책들은 구성원 모두의 권리를 지켜줄 수 있어야 한다. 그리고

위협 상황	공격적 대응	수동적 대응	수동공격적 대응
어린 시절에 당한 강간	난폭해진다.	억압한다. 성에 대해 냉담해진다.	성적으로 문란해진다.
성적 학대	언어적, 육체적으로 공격한다.	참아낸다.	감내하지만 괴롭힌 사람에 대해 다른 사람에게 험담한다.
직장 동료로부터 성적 모욕을 당함.	똑같이 모욕한다.	당황하고 위축된다.	침묵하지만 결근한다.
이성 친구로부터 (변태적) 성행위를 요구당함.	파트너를 조롱한다.	묵묵히 받아들인다.	받아들이지만 행위 중 아무런 반응을 보이지 않는다.
원치 않는 성적 노출	비웃는다.	멀리 가버린다.	모른 척하지만 맡은 일에 태만해진다.
강간	살인	강간당한 기억을 지워버린다.	성적 욕망을 억압할 뿐 아니라 성욕 자체를 잃어버린다.

| 성적 표현을 가로막는 위협에 대한 유형별 반응 |

타인의 존재를 방해하는 사람들이 스스로를 희생자로 인식한다는 사실도 간과해서는 안 된다.

물론 가장 중요한 일은 피해자를 보호하는 일이다. 하지만 스스로를 희생자로 여기는 가해자에게 동정심을 가질 수 없다면 진정한 변화는 일어나지 않을 것이다.

세상에는 다양한 성적 취향이 존재한다. 그럼에도 불구하고 누군가의 특정한 성적 표현은 인정받거나 이해받지 못한다. 동성애자의 경우에 특히 그렇다. 물론 어떠한 성적 표현도 다른 사람의 신성한 신체적,

성적 영역을 위협해서는 안 된다. 이런 이유로 강간이나 아동 성추행은 용납될 수 없다. 하지만 가해자이면서도 스스로를 희생자로 여기는 사람들이 존재한다면 그들에 대한 이해와 동정심이 배제되어서는 안 된다.

우리가 사용하는 보호 장치는 항상 옳다. 그리고 이러한 보호 장치가 얼마나 안전한가에 따라 참 자아와의 거리가 정해진다.

주변 문화에서 개인을 지원하는 시스템이 거의 없거나 전무할 때 우리는 안전하지 못하다고 느낀다. 자아의 존엄성을 유지하고 있을 때도 가끔은 보호 행동이 필요할 때가 있다. 예를 들면 강간 같은 사건이 일어났을 때이다. 참 자아와 그림자 속에 숨어 있는 자아는 자신을 보호하는 방식이 전혀 다르다. 전자의 경우에는 보호 행동이 자신이 가치 있는 존재라는 강한 확신에서 비롯되면서 사회에 안전을 요구하는 것으로 이어진다. 하지만 그림자 속의 자아는 자신을 보호하고자 하는 확실한 동기를 갖지 못한다.

정서적 표현 숨기기

오늘날에는 어린이와 어른이 육체적, 성적으로 학대받을 수 있다는 사실을 보편적으로 인정한다. 하지만 정서적 손상에 대한 인식은 아직 미숙하다. 정서적 손상에 무관심한 상태에서 육체적, 성적 손상이 일어나는 경우는 생각보다 많다.

흔히 정서적 손상의 정도를 헤아리고 그것을 막는 일이 어렵다고

위협 상황	공격적 대응	수동적 대응	수동공격적 대응
"울지 마."	"너는 내 말을 들으려고도 안 해!" 라고 소리를 지른다.	울음을 삼킨다.	감정을 억누르지만 기분이 우울해진다.
"정신 차려."	"정말 엄청나게 고맙군."	감정을 억누른다.	입을 다물고 과음한다.
"화 좀 그만 내."	"왜, 못 견디겠어?"	분노를 삼킨다.	분노를 묻어두고 대신 다른 사람에게 눈을 돌린다.
"그렇게 비벼대지 마."	"왜, 내가 싫어?"	다정함을 거둬들인다.	애정을 거둬들이고 혼외정사에 빠진다.
"겁 좀 먹지 마."	"네가 내 성격 분석가야?"	두려움을 숨긴다.	공포를 억누르고 애정도 거둬들인다.

| 정서적 표현을 가로막는 위협에 대한 유형별 반응 |

생각하는 경향이 있다. 하지만 사실은 그렇지 않다. 정서적 손상은 공포, 우울, 스트레스, 회피, 수줍음, 공격성, 육체적 통증, 불면증, 습관성 결근 같은 것으로 측정할 수 있다.

지적 표현 숨기기

어른이나 아이나 자아를 지적으로 표현하는 면에서 어려움을 겪는다. 하지만 사람들은 이러한 사실에 거의 관심을 기울이지 않는다. 대부분의 사람이 지적 표현을 하다가 조롱당하는 경험을 한다. 이것은 우리가 지적인 것과 지식을 혼동하거나, 우월감을 느끼는 수단으로 지식을 사용하는 경향이 있기 때문이다. 세상에는 다양한 형태의 지식이

위협 상황	공격적 대응	수동적 대응	수동공격적 대응
"너 참 바보 같구나."	"사돈 남 말 하네."	"그래. 네 말이 맞아. 난 바보야."	그 말대로 더 이상의 배우려는 노력을 하지 않는다.
"잘난 체하지 마."	"왜. 대신 네가 뭔가 보여주려고?"	의견을 말하지 않음으로써 지적인 면을 감춘다.	대꾸하지 않는 대신 재능이 없는 것처럼 보이려 애쓴다.
"너 참 똑똑하구나."	"나한테 너무 많은 걸 기대하지 마."	그런 평가에 맞추려고 자신을 채찍질한다.	그 말을 그대로 받아들이고 신경성 식욕 부진을 겪는다.
"지금은 한 가지 방법 밖에 없어."	"네 말대로만 하란 소리야?"	순응한다.	순응하고 무기력해진다.
"도대체 아는 게 뭐야?"	"아무리 몰라도 너만큼은 알아."	침묵한다.	상처받고 기분이 우울해진다.
"그런 건 원숭이도 알겠다."	"그래. 너 잘났다."	올바른 답을 계속 찾는다.	대꾸하지 않고 그 사람과 상대하지 않는다.

| 지적 표현을 가로막는 위협에 대한 유형별 반응 |

존재한다. 하지만 그 중에서 몇 가지만 가치 있는 것으로 존중받고 있다. 인간은 누구나 풍부한 지적 가능성을 가졌다는 것을 잊지 말아야 한다.

행위적 표현 숨기기

현실은 복잡하다. 행동은 이러한 현실을 검증하고 세상을 살아가는 기술과 지식을 얻는 훌륭한 수단이다. 사람에게 인생은 모험이고 시험이다. 두려움에 가득 찬 것이며 지루하고 극복해야 할 것이기도 하다.

위협 상황	공격적 대응	수동적 대응	수동공격적 대응
"틀렸어, 틀렸어, 틀렸어!"	"그럼 네가 직접 해. 멍청아!"	더 열심히 애쓴다.	계속 노력하지만 다른 사람에게 불평을 늘어놓는다.
"그걸 하는 거라고 해?"	"누가 물어봤어?"	더욱 노력한다.	더욱 열심히 하지만 위축되고 두려움에 사로잡힌다.
"제대로 못할 거면 때려치워."	"그럼 네가 해!"	자신의 능력을 증명하려 애쓴다.	완벽주의자가 되어 사회로부터 고립된다.
"이겨본 적이나 있어?"	"네가 무슨 상관이야?"	"뭔가 보여주겠어."	노력하지만 비난하는 동료들을 피한다.
"그게 다야?"	"그래서 넌 얼마나 잘하는데?"	더 열심히 몰아붙인다.	순응하지만 자주 아프게 된다.
"넌 정말 구제불능이야."	"넌 어떻고?"	완벽주의자가 된다.	더 열심히 애써서 기회가 왔을 때 상대를 머쓱하게 한다.

| 행위적 표현을 가로막는 위협에 대한 유형별 반응 |

비난, 비꼬기, 냉소, 적대감, 질책, 굴욕 등은 사람들이 세계를 탐험하는 과정에서 흔히 겪는 일이다. 실패와 성공에 대한 두려움, 성공에 대한 탐닉, 이 모든 것은 성취를 위한 행동에 수반되는 조롱과 압력으로부터 자신을 지키기 위한 수단이다.

안타깝게도 너무나 많은 어른, 부모, 교사 들이 배움이라는 과정보다는 결과를 지나치게 강조한다. 성취에 대한 불안감이 가정, 학교, 직장에 만연해 있다. 이 때문에 많은 사람들이 평범한 위치에 안주하고 타인의 기대치를 낮추려 애쓰며 실패 가능성을 피해가려는 반응을 보인다. 중하위권 학생들 중 상당수가 학업을 포기하지만 제도 교육은 이러한 사실을 인정하지 않는다. 학습이 정서적, 사회적, 지적 위협이 되는 한 배움의 열망을 회복하는 일은 요원하다. 내가 수도원에서 생활할 때, 테니스를 아주 잘 치는 사람과 시합을 해서 6 대 0으로 진 적이 있다. 이것을 지켜보던 한 수도사가 여러 사람 앞에서 "어떻게 한 게임도 못 이겨요?"라고 말했다. 나는 그 말에 수치심을 느꼈고 화가 났다. 내가 테니스를 다시 시작하게 된 것은 그로부터 오랜 시간이 지난 뒤였다.

한 사람의 가치를 그의 고유하고 신성한 인격과 상관없이 성과와 업적으로 판단한다면 그의 존재에는 그림자가 드리워지기 시작한다. 그리고 우울, 준자살 행위(내면의 고통 때문에 타인의 주목을 끌려는 시도), 자살, 강한 불안감, 열등감이나 우월감, 완벽주의, 성공에 대한 집착, 극단적인 냉소와 폭력 같은 방어 반응이 일어난다. 그런 점에서 인간의 존엄성을 일시적인 한두 가지 행동보다 가볍게 취급하는 것은 영적 살인과 같다.

사회적 표현 숨기기

개인의 사회적 존재는 고유하며, 존중받아 마땅하다. 가정이나 직장에서 경험하듯 한 개인이 사회 조직에서 벗어났다가 돌아왔을 때, 우리는 그 존재의 소중함을 느낀다. 또한 많은 주부, 부모, 교사, 학생, 노동자 들이 이름 없는 존재라는 느낌, 사회적 존재로 존중받지 못한다

위협 상황	공격적 대응	수동적 대응	수동공격적 대응
존재를 무시함.	무시한 사람에게 언어적 신체적인 폭력을 가한다.	피한다.	뒤로 물러서서 접촉을 피한다.
괴롭힘	똑같이 괴롭힌다.	말을 하지 않는다.	아무 반응도 보이지 않다가, 아무도 모르게 괴롭힌 사람에게 복수한다.
대중 앞에서 망신 주기	한바탕 소란을 피운다.	분노를 눌러 참는다.	고개를 숙이고 그런 상황에 다시 처하지 않도록 한다.
악의적인 별명 부르기	똑같이 해준다.	그런 척 한다. (바보처럼 굴거나 멍청이처럼 행동한다)	침묵하고 등 뒤에서 복수의 칼날을 간다.
따돌림	"나는 투명인간이야" 라며 자조한다.	슬며시 사라진다.	소외감을 느끼지만 나중에 상대의 무례함에 대해 험담한다.
다른 사람이 굴욕당하는 것을 본다.	"사람을 그런 식으로 취급하다니, 야비한 놈 같으니라구!"	못 본 체한다.	침묵하지만 나중에 그 사람에 대해 험담한다.

| 사회적 표현을 가로막는 위협에 대한 유형별 반응 |

는 느낌 때문에 불만을 갖는다. 다른 사람과 다르다는 것은 각 개인의 존재를 부각시킨다. 그에 비해 순응에 대한 압력은 많은 사람의 존재 감을 위축시킨다. 이렇게 되면 개인의 존재에 그림자가 드리워진다. 그리고 자신의 독특한 개인성을 드러낼 때 받는 상처를 줄이기 위한 강력한 보호 장치가 필요해진다.

간접적인 방해를 받았을 경우에도 자아를 숨기게 된다. 직장에서 직원들은 리더에게서 단서를 찾는 경향이 있다. 그리고 리더에게 위험이 될 만한 자아의 측면을 숨긴다. 아이들은 다른 아이가 상처 입는 것을 보면, 안전하지 않다고 생각되는 자아의 측면을 숨긴다. 또한 아이들은 어른들의 반응을 관찰하고 어떤 부분을 숨겨야 할지 재빠르게 판단한다.

창의적 표현 숨기기

창의성은 개인의 고유성이 가장 잘 드러나는 부분이다. 우리는 늘 서로 다른 방식으로 행동한다. 참 자아에 따라 행동하든 그림자 자아에 따라 행동하든 그것은 똑같다. 우리는 외부의 압력 때문에 어쩔 수 없이 다른 사람들과 같아지려고 애쓰곤 한다. 하지만 한 가족을 살펴보면 가족 구성원 각자가 순응하는 방식에서 창의성이 나타난다. 아이 네 명이 있는 가족의 경우를 예로 들어보자. 첫째는 공부를 잘 하고, 둘째는 익살스럽고 인기가 좋으며, 셋째는 늘 태도가 삐딱하고, 넷째는 모든 가족들과 잘 지낸다. 이 아이들은 가정의 질서에 순응하면서도 다르게 행동한다. 이렇게 함으로써 자기 존재를 보호하는 창의적인 방법을 찾아내는 것이다. 여기에서 삐딱하게 행동하는 아이 역시 순응하고 있다는 사실이 중요하다. 이 아이는 이러한 행동을 통해 다른 가족, 특히 부모에게 어떤 반응을 취해야 할지 단서를 찾아낸다. 역동적이고 진취적인 목적이 아닌 생존이나 방어를 위해 사용되는 창의성은 심각한 제한을 받을 수밖에 없다.

위협 상황	공격적 대응	수동적 대응	수동공격적 대응
"해는 이런 식으로 그리는 게 아니야."	"선생님은 이해심이라고는 눈곱만큼도 없군요."	"그럼, 어떻게 하면 되죠?"	아무 말 없이 미술 수업에 빠진다.
"여기서 네 멋대로 해도 된다고 누가 그래?"	"멍청하기는!"	침묵한다.	시키는 대로 따르지만 몸이 아프게 된다.
"나 같으면 그 시를 아무에게도 보여주지 않을 거야."	"나야말로 너같이 둔한 바보한테 시를 보여주게 되어 유감이야."	"하긴 그래."	시 쓰기를 그만두고 접촉을 끊는다.
"그렇게 튀고 싶니?"	"너 같은 벽창호가 알 리가 없지."	독창성을 감춘다.	순응하고 다른 일을 찾는다.
"잘난 척 하더니 못하기만 해봐라."	"똑똑하니까 겁나?"	포기한다.	순응하고 멍청한 듯 처신한다.
"왜 남들처럼 못하니?"	"문제는 내가 아니고 너야."	원하는 대로 해준다.	순응하고 상대의 말을 우습게 여긴다.

| 창의적 표현을 가로막는 위협에 대한 유형별 반응 |

내가 임상 심리학자로 막 첫발을 내디뎠을 때의 일이다. 사람들은 내게 "왜 다른 심리학자들처럼 하지 않습니까?"라는 질문을 많이 했다. 내가 일반적으로 활용되는 성격 유형이나 여러 심리 테스트들을 거부했기 때문이다. 특히 정신과 의사들에게서 그런 말을 들었을 때, 내담자의 이야기를 듣는 것에 집중하는 상담 방식을 그들이 좋아하지 않는다면 꼭 내게 고객을 보낼 필요는 없다고 생각했다. 나는 내담자들을 그들의 말을 들어주고 이해받고 사랑받을 자격이 있는 인간으로서 대하기로 결심했다.

위협 상황	공격적 대응	수동적 대응	수동공격적 대응
"천주교는 엉터리야."	상대를 설득하려 말싸움을 벌인다.	종교에 대해 다시는 이야기하지 않기로 결심한다.	침묵하고 다른 사람들에게 그 사람에 대해 험담한다.
"교회는 여자에게 큰 가치를 두지 않아."	교회에서 여성의 동등한 권리를 위해 싸운다.	순응한다.	조용히 출석을 줄인다.
"그런 종교적 믿음은 여기서 용납되지 않아."	급진적이고 전략적인 영성 집단에 가입한다.	지하 조직으로 숨는다.	포기하고 급진적인 지하 조직에 가담한다.
"교회의 가르침은 무엇이든 받아들여야 해."	반항한다.	순응한다.	침묵하고 교회에 출석하지 않는다.
"교회는 반드시 출석해야 해."	비주류 종파에 가입한다.	교리를 따른다.	일단 순응하고, 보지 않는 곳에서는 멋대로 행동한다.

| 영적 표현을 가로막는 위협에 대한 유형별 반응 |

영적 표현 숨기기

영적 표현을 숨기게 되는 원인은 많다. 종교적 억압, 조롱, 본성을 드러낼 수 있는 기회와 지지의 결여 등을 예로 들 수 있다. 나는 유체 이탈을 경험한 사람들과 대화를 나누었던 적이 있다. 그들은 대부분 죽음의 두려움이 없었고, 영혼에 대해 깊은 통찰력을 지니고 있었다. 그러나 그들도 과거에 조롱받고 미친 사람 취급받았던 데서 뿌리내린 두려움에는 자유롭지 못했다.

오늘날 서구에서 가족, 학교, 공동체, 국가 등이 특정한 종교를 강요하는 경우는 현저하게 줄어들었다. 하지만 자세히 들여다보면 또 다른 신흥 종교가 등장했음을 알 수 있다. 돈을 벌고 성공해야 한다는 물질 만능주의가 바로 그것이다. 지금은 '소유'가 영성의 위험한 적이 되어 버렸다.

내가 숨을 때
다른 이들도 숨는다

나는 여러 해 동안 다른 사람들을 보살피려고 노력했다. 하지만 결과적으로 주변 사람들을 무기력하고 의존적으로 만들기도 했다. 당신이 타인을 보호하기 위한 행동을 할 때, 만약 당신 스스로가 그림자에서 벗어나지 못했다면 주변 사람들은 무기력하고 의존적으로 행동할 것이다. 상대방은 의식적으로든 무의식적으로든 결국 자신이 거부될 것이라는 사실을 알고 있다. 나의 경우도 그랬다. 부모나 친구, 또는 배우자에게 '아니요'라고 말하는 것이 얼마나 어려운 일인지 우리는 잘 알고 있다. 하지만 '아니요'라고 말하지 못하면, 다른 이들을 보살피려는 취향 때문에 당신의 존재에 그림자가 드리워지고 만다. 관계를 맺고 있는 양쪽이 서로에게 의존하고, 주고받고자 하는 욕구를 숨기게 된다.

만약 당신이 공격적인 방어 행동을 할 경우, 상대방은 '평화를 위해' 자신의 필요, 믿음, 의견을 뒤로한 채 당신이 자기 방식대로 하도록 내

그늘진 행동	방어적인 반응	진실한 반응
"널 위해 그렇게 해줄게."	"물론이야. 그렇게 해."	"고마워. 하지만 내 힘으로 하고 싶어."
"네가 틀렸어."	"그래, 네 말이 맞아."	"이 문제에 대한 의견이 서로 다른 것 같아."
"날 바로잡아 줘."	"뭘 어떻게 도울까?"	"자신의 인생은 스스로 책임져야 해."
"차를 잡을게."	"물론, 마음대로 해."	"그래도 좋을지 잠깐 생각해보고."
"넌 항상 늦어."	"미안, 미안."	"늦은 건 미안해. 하지만 항상 늦는 건 아냐."
"침실을 흰색으로 칠하려고 해."	"좋은 생각이야."	"흰색은 좀 그렇잖아. 다른 색을 함께 생각해보자."
파트너는 자기에게 소리를 지르는 상황	함께 소리를 지른다.	반응을 자제한다.

| 상대방의 그늘진 행동에 대한 유형별 반응 |

버려두게 된다. 이 경우는 양쪽 모두에게 그림자가 드리워진다. 상대방이 자기 존재를 있는 그대로 인정하는 경우라면, 그의 반응은 굴복이 아니라 자신과 당신을 신뢰하고 존중하는 태도일 것이다. 공격적인 상황에서 진정한 자신이 되는 것은 위험 부담이 큰일이다. 심한 거부감을 일으키거나 공격의 수위가 높아질 수도 있고, 순응을 강요하기 위해 공격자가 자해를 할 가능성도 있다. 하지만 진정한 자신이 되지 못할 경우의 위험은 더 크다. 신뢰의 상실, 상호의존적 관계, 창의성과 존엄성에 대한 부정, 서로 다르다는 것에 대한 부정, 어두운 세계에 갇

히는 것 같은 일들이 기다리고 있다. 다른 사람의 그늘진 행동에 자신이 어떻게 반응하는가를 살펴보면 자신이 어떤 면을 감추고 있는지를 알 수 있다. 그리고 진정한 나의 내면을 표현하고 있는지도 알 수 있다.

어둠에 갇혀 있는 사람을 진실의 빛으로 상대하는 것은 자신과 상대방 모두를 사랑하는 행동이다. 이것은 두 사람 모두가 진실해질 수 있는 기회다.

상대의 방어적인 반응을 견디기 위해서는 진정한 나에 한 걸음 더 다가가야 한다. 빛의 세계로 들어서는 것은 도전이다. 이러한 도전으로 우리 자신이 풍요로워지고 동시에 상대방도 어둠에서 벗어날 수 있다.

무의식은 그림자 자아의 약점을 드러내는 놀라운 방법을 찾아내고,
우리 안에 존재하는 치유의 힘을 이끌어낸다. 가장 깊숙이 숨겨진 것이야말로
우리를 진정한 삶으로 이끄는 힘이 된다.

05

◇◇◇◇◇◇◇◇◇◇◇◇◇◇◇◇◇◇◇◇◇◇◇◇◇◇◇◇◇◇◇◇◇◇◇◇◇◇

또 다른 나,
그림자 자아

참 자아와
그림자 자아

그림자 자아는 참 자아를 숨기려고 만들어낸 모든 보호 장치들을 합쳐 놓은 것이라 할 수 있다. 참 자아의 숨겨진 면은 정서적으로나 사회적으로 안전한 경우에만 나타난다. 우리가 자기 자신이라고 생각하면서 꼬리표를 붙인 것은 모두 그림자 자아에 속한다. 남자, 아일랜드인, 남편, 친구, 심리학자, 작가, 진보적인 사람, 협상가, 친절한 사람, 강인한 사람, 인정머리 없는 사람, 사업가, 배려할 줄 아는 사람, 단호함, 순응적이지 않음, 승리자, 영적인 영혼 등등.

우리가 자신에 대해 이러한 정의를 내리면 스스로 붙여놓은 꼬리표를 떼기 힘들고 결국 제한된 세계에 갇힌다. 이러한 그림자 자아 뒤에는 그것과 반대로 행동하는 것에 대한 무의식적인 두려움이 존재한다. 나는 내가 무감각하고 배려할 줄 모른다는 사실을 발견했을 때, 중심이 송두리째 흔들리는 것 같았다. 그리고 이러한 '이탈'이 일어나자 '배려하는 사람'의 이미지를 회복하기 위해 온 힘을 기울였다. 만약 자신에 대해 '강한 남자'라는 이미지를 가진 사람이 어떤 식으로든 부드러운 면을 드러낸다면, 그의 방어 전략은 위협받는다. 그리고 그는 재빠르게 '강한 남자'라는 정체성을 회복하려 할 것이다. 참 자아는 자신의 고유함과 신성함, 무한한 가능성 등을 무의식적으로 알고 있다. 그리고 안전하다고 판단될 경우에는 자발적인 활동을 시작한다.

참 자아는 우리 내면에 있던 고유하고 신성한 존재가 모습을 드러낸 것이다. 그것은 처음부터 존재했다. 하지만 세상에서 상처받은 경험 때문에 어둠 속으로 숨어든 것이다. 심리학적으로 볼 때 우리 삶의 여정은 참 자아로 돌아가는 과정이다. 그림자 자아는 환상이고 필요에 의한 보호 장치이다. 하지만 그것은 타인에게 이해받지 못할 경우, 극단적으로 억압된 생활이나 질병, 또는 조기 사망 등으로 우리를 이끌 수 있다. 기본적으로 직업과 그림자 자아를 동일시하는 사람은 은퇴 후에 질병에 걸리거나 사망할 위험이 높다. 또한 배우자와 자신을 동일시할 경우, 배우자가 사망하면 함께 사망할 위험이 높아진다.

그림자 자아에 관한 두 가지 사실을 이해하는 것이 중요하다. 첫째, 그림자에는 의식과 잠재의식이라는 두 가지 단계가 있다. 둘째, 그림자 자아는 참 자아를 보호하는 방패인 동시에 참 자아에 좀 더 다가가려는 도전을 반영한다. 그림자 자아가 형성된다고 그 사람의 지혜가 약화되거나 없어지지 않는다. 그리고 그림자 자아를 바꾸려하기보다는 그것을 이해하고 운용하는 지혜를 모으는 것이 더 효율적이다.

그림자 자아가 보여주는 잠재의식

참 자아를 표현하는 것이 위협받을 때 자아를 지키지 못하는 상황이라면 위험을 줄이기 위해 방어적인 반응을 보일 것이다. 이는 의식적인 차원에서 거의 자동적으로 이루어진다. 하지만 위험은 잠재의식적인 차원에 존재한다. 예를 들어, 모임에서 누군가 자기 의견을 무시했을 때 우리는 "너 따위가 전문가라도 돼?"라며 공격적으로 반응할 수 있다. 그때 우리는 금세 자신의 태도가 공격적이었음을 깨닫는다. 나중에 누군가 "네가 그 녀석한테 한방 먹였다"라고 말하면, 그 사실을 인정하면서도 "걸리기만 하면 언젠가는 콧대를 꺾어주려고 벼르던 중이었거든" 하는 식으로 방어적인 말을 덧붙인다. 이러한 반응은 우리가 사람들의 생각과 말에 집착하고 있음을 보여준다. 또한 잠재의식 차원에 존재하는 위험에 직면하기를 꺼린다는 것을 의미한다.

의식적인 행동 밑에는 잠재의식 차원의 문제가 존재한다. 앞서 든 사례에서는 비난을 몹시 싫어한다는 것이 문제다. 이 상황에서 도전해야 할 과제는 공격적이지 않으려 애쓰는 것이 아니다. 자신을 비평하는 것에 위협을 느끼지 않는 것이다. 만약 타인의 비난을 나에 대한 정보를 얻는 정도로 이해한다면, 위협적인 요소를 제거하고 공격적인 그림자 행동을 없앨 수 있다. 보호 장치로 작용하는 공격적인 행동은 치유해야 할 약점을 드러내기도 한다.

그림자 자아의 의식적인 측면은 차마 표현하지 못하는 참 자아를 지켜주는 방패 역할을 한다. 자신을 보호하기 위해 의식적으로 행동하는 것은 잠재의식 차원의 위험에 직면하는 것보다는 위협적이지 않다. 보호받고자 하는 욕구가 드러날지도 모른다는 두려움을 숨기고 있는 경우, '강한 남자'의 이미지가 그림자라는 사실을 받아들이는 데 어려움을 겪을 수 있다. 그리고 자신이 드러내지 못하는 것을 누군가 꿰뚫어 보면 매우 싸늘하게 반응하고 결국 그 사람을 피할 수도 있다. 이러한 반응은 연약한 내면의 세계를 탐험할 준비가 되지 않았음을 의미한다.

하지만 우리 안에는 그림자 자아를 드러내서 약점을 치유하고 참 자아와 통합되도록 하는 더 깊은 영역이 존재한다. 바로 육체적, 심리적, 사회적 요소가 조화를 이루는 무의식의 영역이다. 무의식은 그림자 자아의 약점을 드러내는 놀라운 방법을 찾아내고, 우리 안에 존재하는 치유의 힘을 이끌어낸다. 가장 깊숙이 숨겨진 것이야말로 우리를 진정한 삶으로 이끄는 힘이 된다. 예를 들어보자. 나의 그림자 자아는 '보살피는 사람'이다. 이것은 나 자신을 돌보아주기를 요구하는 잠재의식적 약점을 가리는 방패이다. 내가 가장 매력을 느끼는 사람은 도움을 필요로 하는 사람들이다. 성직자, 교사, 임상 심리학자…. 내가 가졌던 직

의식적인 그림자 행동	잠재의식적인 그림자 두려움
공격적인 행동	약한 것이 드러날 것에 대한 두려움
늘 남을 돕는 행동	자신을 돌보아줄 것을 요구하기 두려움
항상 불평함	중요한 존재임을 드러내는 데 대한 두려움
두려워함	분노를 드러내기 두려움
익살꾼이 됨	심각해지는 것이 두려움
다루기 쉬운 사람	자신의 욕구를 직접 요구하기 두려움
야비하게 굴기	좋은 사람이 되지 못하리라는 두려움
수동적인 성격	자신을 가치 있게 느끼는 데 대한 두려움
완벽주의자	실패에 대한 두려움
까다로운 성격	틀렸을 것이라는 두려움
부끄러운 성격	힘을 드러내는 것이 두려움

| 그림자 행동으로 표출되는 그림자 두려움 |

업은 모두 나에게 무언가를 요구하는 것들이었다. 그것은 참 자아로부터 멀어지는 두려움을 드러내려는 무의식이 투사된 결과였다.

나는 타인을 보살피는 것과 마찬가지로 보살핌을 받고 싶었다. '내가 남들을 보살핀다면 보살핌을 받으려는 내 욕구도 알아줄 거야'라는 메시지를 은연중에 드러내려 했다. 내가 이런 방식으로 행동할 수밖에 없었던 이유는 참 자아를 드러내는 것이 두려웠기 때문이다. 참 자아로 살아가는 사람은 그런 보살핌의 욕구를 직접 표현할 수 있다.

참 자아에 대한 위협의 수준이 매우 높을 때, 방어 행동은 내면의 약점과 반대로 나타나는 경우가 많다. 보호받고 싶은 욕구를 숨기고 있는 '강한 남자'처럼 말이다. 이런 패턴은 나 자신에게도 적용될 수 있다. 다른 사람들에게 '보살핌을 주는 방어 행동'에는 '보살핌을 주는 것에 대한 두려움'이 있을지도 모른다.

다시 말하지만 도전해야 할 것은 의식적인 그림자 행동을 바꾸는 것이 아니다. 잠재의식적인 그림자 아래 숨겨진 것을 드러내는 것이다. 그럴 때 마음의 평화가 찾아오고 의식적인 그림자 행동의 영역이 확장된다. 이렇게 되면 참 자아를 자유롭게 표현할 수 있다.

숨겨진 것은
끊임없이 드러난다

우리의 숨겨진 약점이 끊임없이 우리 자신에게 반영되거나 다른 사람이나 물건 또는 세상에 투사되는 것은 우리의 지혜 때문이다. 이런 과정 덕분에 숨겨진 것이 무엇인지 알게 된다.

반영은 사람들이 자신과 반대 성향을 가진 사람에게 끌리는 현상이다. 자신을 수동적이라고 생각하는 사람은 공격적이고 지배적인 성격의 배우자나 친구, 상사에게 끌린다. 이러한 무의식적인 부분은 우리에게 숨겨진 분노와 힘을 받아들이고 표현해야 하는 과제를 제시한다.

세상을 살다 보면 우리는 되고 싶지 않은 사람이 되고, 보고 싶지 않은 자신의 내면을 보고, 원하지 않는 방식으로 살고, 원하지 않는 방식으로 표현한다. 관계를 맺고 있는 두 사람에게 그림자가 드리워져 있을 경우에는 충돌이 일어난다. 이럴 때 우리는 판단하고, 심술부리고, 움츠러들고, 조종하고, 적대적 침묵으로 일관하고, 강요하고, 비난하는 행동으로 상대방을 통제하려고 한다. 조화의 가능성을 찾을 수 있을 경우는 상대방의 약점이 자신에게도 있다는 사실을 받아들일 때뿐이다.

역설적으로, 반대되는 성향의 타인이 우리를 어떻게 정의하느냐에 따라 우리 안에 감춰져 있는 부분을 깨닫는 기회가 되기도 한다. 중요한 것은 타인의 극단적인 행동, 특히 거부감을 느낄 만한 점들을 의식적으로 받아들이는 것이 아니다. 우리 자신에게 존재하는 양극단에서 중용을 찾아내는 것이 중요하다. 예를 들어 자신이 무책임하다고 생각되는 타인을 심하게 비난한다는 사실을 깨달았다고 해보자. 그렇다면 스스로 무책임하지 않도록 노력하는 동시에 자신이 모든 것을 책임져야 한다는 강박 관념에서 벗어나야 한다. 자신과 반대되는 보호 행동을 하는 배우자, 친구, 동료에게 책임을 맡기고 그들이 솔선수범하도록 해야 한다. 이전에는 할 수 없었던 행동을 하기 시작하면 무책임함과 과도한 책임감이라는 양극단의 시소가 균형을 이룬다. 책임감과 편안하게 쉴 수 있는 자유가 조화를 이루게 되는 것이다.

투사는 참 자아의 어떤 측면에 대한 거부감이 드러나는 무의식적인 과정이다. 내면에 숨겨져 있던 것이 우리 바깥에 있는 어떤 것, 즉 신, 마귀, 부모, 배우자, 직장 상사, 친구, 무신론자, 쾌락주의자, 외계인 등에 투사된다. 우리는 다음과 같은 말들을 자주 한다.

- "정말 신이 있다면 사람들이 어떻게 그렇게 난폭한 짓을 할 수 있 겠어? 신은 없는 게 분명해."
- "돈은 모든 악의 근원이야."
- "내가 가끔 자제력을 잃는 건 당연해. 우리 부모가 어떤지를 봐."
- "너는 성자도 술을 마시도록 만들 거야."
- "사람들은 모두 너를 착취하려고 혈안이 돼 있어."
- "친구란 가장 필요할 때 배반하는 법이야."
- "세상은 이제 끝장난 거야. 사람들은 더 이상 아무것도 믿지 않아."
- "인간은 모두 오직 자신들을 위해 살아가고 있어."
- "어쩔 수 없는 힘이 내가 그런 성적 학대를 하도록 만들었어."

이러한 투사 과정을 면밀히 관찰하면 우리가 받아들이지 못하는 것 들이 어떤 것인지 알게 된다.

- "나는 원래 폭력적인 사람이 아니야."
- "나는 원래 악한 충동이라는 것이 없던 사람이었어."
- "나는 자제심을 잃으면 어떤 짓을 저지를지 몰라."
- "내가 저지른 비행에 책임지는 것이 두려워."
- "누군가를 위할 수 없다면 두려울 거야."
- "나 자신을 믿는 것이 두려워."
- "무언가를 믿지 않는 것은 무서운 일이야."

- "나는 나 자신을 위해서는 아무것도 요구할 수 없을 거야."
- "비정상적인 성적 유혹을 받는 것이 무서워."

우리는 부정하고 있는 약점과 맞붙어 씨름해야만 자아와 다른 사람들과의 합일을 이끌어낼 수 있다.

질병은 내면에 숨겨진 것을 밖으로 투사하는 수단이 되기도 한다. 예를 들어 요통은 '대면을 피하는 것'이나 '너무 많은 짐을 지는 것' 같은 문제를 상징할 수 있다. 신경성 식욕 부진은 사랑에 대한 굶주림이나 자유의 결핍 등을 나타낼 수 있다. 심장병은 상처받은 마음이나 중요한 사람들로부터 따뜻한 관심을 간절히 바라는 메시지를 전달하는 것일 수 있다. 암은 감히 표현하지 못하는 것이 내면에서 당신을 갉아먹고 있음을 나타낼 수 있다. 편두통은 모든 것을 완벽하게 하려고 애쓰기 때문에 생기는 불안과 경직성을 나타낼 수 있다.

많은 사람들이 자신의 가장 깊은 곳에 있는 문제를 솔직하게 드러내는 일을 위험하다고 생각한다. 그래서 이러한 증상들이 감춰둔 것을 드러내려는 시도라는 진실을 무시한 채 신체적인 증상에만 집착한다. 하지만 우리는 질병으로 인해 진실해질 수 있는 계기, 즉 내면의 깊은 병에 대해 정서적, 사회적으로 안전하게 털어놓을 수 있는 기회를 가질 수 있다. 질병은 사람의 마음을 풀어주는 효과가 있어서 거부의 가능성을 낮춰준다. 질병은 자신에게 진실해질 것을 요구하고, 그 영향으로 우리는 상대방에게 진실해질 것을 요구하게 된다. 우리는 심각한 질병이 인간관계에 대한 환상, 성공 중독, 상호의존성 등을 깨뜨리고 사람들을 서로 진실하게 만드는 경우를 많이 경험했다. 전쟁이나 기아, 자연재해 같은 위기가 닥쳤을 때, 사람들은 서로에게 매우 진실해질 수 있다. 반면에 평화로운 시기에는 사람들 사이에 진실한 관계가 자동적으로 형성되지는 않는다.

그림자를 만드는 것은 빛이다

누가 또는 무엇이 그림자 자아를 만드는가? 이에 대한 전형적인 대답은 "사랑할 줄 모르는 냉담한 사람"이나 "불우한 환경"(예를 들어 가난, 실직, 정치적이나 종교적 탄압)이다. 이것은 교활한 투사로써 자아의 책임감을 덜어준다. 그러나 그림자를 만드는 것은 빛이다. 다시 말해 자아의 가면을 만드는 것은 바로 참 자아다. 이 사실을 이해하게 되면 진정한 존재를 느끼는 데 쓰지 못하고 자아를 감추는 데만 썼던 엄청난 힘을 사용할 수 있다.

　인간은 긍정적인 것이든 위협적인 것이든 자신에게 발생하는 일을 수동적으로만 받아들이는 존재가 아니다. 우리는 자신의 그늘진 행동을 사람이나 상황에 맞춰 조정한다. 우리는 참 자아로 있어야 할 때와 그것을 감추어야 할 때를 직관적으로 안다. 한 젊은 여성은 아버지가 자신을 키우면서 모든 감정을 억누르도록 가르쳤기 때문에 그 앞에서는 금기시되는 감정을 표현하지 않게 되었다고 말했다. 하지만 안전하다고 느낄 때는 다른 사람들에게 자신의 감정을 드러낸다고 했다. 내가 처음 그녀를 만났을 때, 그녀는 자신의 감정을 억압하게 된 것이 아버지 탓이라고 주장했다. 하지만 아버지에게 대응하는 방법을 선택한 사람이 바로 자신이라는 사실을 알게 되자 용기를 얻었다. 이 정도의 지식만으로도 그녀는 아버지와 비슷한 그림자를 드리우는 사람들을 진실하게 대할 수 있게 되었다. 정서적 성숙이 필요한 사람이 자신이라는 사실을 알게 되었을 때, 억압으로부터 자유로울 수 있었던 것이다. 만약 그녀가 정서의 중요성을 아버지에게 납득시키려고 했다면, 여전히 아버지에게 책임을 투사하고 한정된 정서 표현의 영역에서 벗어나기 위해 아버지에게 허락을 구했을 것이다. 더 나아가 통제적 대응을 시도했다면 아버지를 자기 방식대로 이끌려하면서 어떠한 변화도 만들어낼 수 없었을 것이다. 중요한 것은 당신 자신을 납득시키는 것이다. 스스로 진정한 자신이 될 수 있음을 확신해야 한다.

자신을 사랑으로 보살피려고 하면서도 그림자 속에 자기를 가두어 두는 사람이 왜 그렇게 많은가 하는 물음을 던질 수도 있다. 사랑의 상실과 지독한 무시, 그리고 육체적, 성적 폭력을 경험했을 때 당신이 자아 주변에 세우는 방어벽은 강력하다. 만약 당신이 위험을 무릅쓰고 조금이라도 참 자아를 드러내려고 한다면 다른 사람들에게는 많은 인내심이 필요할 것이다. 하지만 안타깝게도 대부분의 사람이 타인에게 참을성 있는 사랑과 공감을 제공해줄 만한 입장에 있지 못하다.

나는 내담자가 과연 마음을 열고 사랑을 받아들이게 될까 하는 절망을 느낄 때마다 이런 말로 마음을 다잡는다.

"당신이 진정한 자신이 될 때까지, 끝까지 참고 기다릴 거예요."

나의 그림자가 반응을 해서 인내심을 잃으면 나는 내담자와의 공감대를 잃게 될 것이다. 그러면 그들은 자기 거부의 그림자 속으로 더욱 깊이 숨어들 것이다. 그림자 자아를 만들어내는 것은 참 자아의 빛이다. 이러한 사실은 우리가 힘을 얻고 희망과 낙관을 가질 수 있는 근거가 된다. 또한 당신이 어둠 속에서도 가장 놀라운 방식으로 자신을 보살필 수 있으며, 안팎으로부터 충분한 지지를 얻을 때 빛을 향해 방향을 바꿀 것이라는 진실을 의미한다. 진실해지는 길을 사람들이 꺼리는 이유는 원래의 자신으로 돌아가기를 원하지 않아서가 아니라 그 길이 위험하다고 느끼기 때문이다. 게다가 내면으로의 여행을 시작할 때 기꺼이 지지해주는 사람들을 찾기 힘든 반면에 사람들이 자주 다니는 그늘진 길가에 남도록 압력을 가하는 이들은 많다.

그늘진 행동으로
상처를 주었을 때

상담 경험에 의하면 부모가 자식의 인생에 깊이 개입할 때 사람들은 비극을 겪는다. 또한 배우자나 이웃, 친구에게 신체적으로 상해를 입히는 사람과 자식들에게 신체적, 성적 폭력을 가하는 부모도 만나게 된다. 사랑은 도대체 어디로 가버린 것일까? 나는 이 문제로 오랫동안 고뇌했다. 내 경험으로는, 인간이 폭력적이 되는 것은 열등감을 느끼게 하는 사람으로부터 벗어나기 위해서였다. 공격적인 행동의 목적은 자신을 지키기 위한 것이지 남을 해치기 위한 것이 아니었다.

그늘진 행동을 하는 이유는 자신의 존재를 위협하는 것으로부터 참 자아의 일부나 전부를 숨기기 위해서다. 따라서 이것은 자신을 돌보기 위한 행동이다. 예측할 수 있는 위험으로부터 다른 사람들을 보호하기 위한 경우도 있다. 자신이 독약을 마시기 전에 자식들에게 먼저 먹이는 어머니의 경우를 생각할 수 있다. 이때 그녀의 잠재의식 속에는 참 자아가 드러나는 데 대한 위협으로부터 도피하려는 의도가 숨어 있다. 그리고 의식적으로는 자신에게 그랬던 것처럼 고통을 주리라고 믿는 세상으로부터 자식들을 도피시키려는 것이다. 다른 사람을 보호하려는 의도는 부모가 자녀를 과잉보호하는 상황에서 분명히 드러난다. 잠재의식의 차원에서는 스스로 사랑받으려는 욕구를 지니고 있으며 의식의 차원에서는 자녀들로 하여금 해를 입을 상황을 피하도록 한다. 옷을 잘 차려입은 여성이 내게 이런 말을 한 적이 있다.

"만약 성적으로 학대받은 경험이 있다면 어른이 되어서도 자신을 계속 방치한다는 것이 사실인가요?"

나는 이렇게 대답했다.

"그런 일은 일어날 수도 있고 일어나지 않을 수도 있습니다. 하지만 무엇보다도 자녀들이 똑같은 고통을 겪지 않도록 상황을 통제하려 할 가능성이 가장 큽니다."

그녀는 두 명의 자녀를 자기 시야에서 벗어나지 못하도록 했고 어른들과 함께 두지도 않았다. 심지어 할아버지, 할머니와도 그랬다. 그녀의 의도는 자녀들을 보호하는 것이었다. 하지만 불행하게도 자녀들은 심각한 사회적, 정서적 무기력 상태에 빠지고 말았다. 이후 그녀는 자식들에게 스스로 자기 몸과 성적 순결을 지킬 수 있는 능력을 부여하고 스스로도 위험을 좀 더 현실적으로 평가할 수 있는 방법들을 모색했다.

이러한 사례를 보면 그늘진 행동을 하는 이유는 해치기 위한 것이 아니라 보호하기 위한 것임을 쉽게 알 수 있다. 다른 사람들을 직접 괴롭히거나 가정의 수입을 낭비해서 가족을 굶주리게 하는 경우는 이해가 되지 않을 수도 있다. 한 나라에서 다수를 차지하는 인종이 소수 인종을 '청소'하는 데 몰두하는 경우도 마찬가지다. 그늘진 행동이 클수록 잠재적인 위험성도 커진다. '인종 청소'의 경우, 한 집단의 사람들이 때로는 수세기에 걸쳐 죽음의 위기에 처하고 문화를 말살당하고 착취당한다. 이처럼 적을 제거하려는 그늘진 행동은 한 줄기 빛조차 허용하지 않는다. 적대적인 두 집단이 서로의 가치를 인정하고 차이점을 받아들이며 서로의 문화를 용인하고 평등을 실천할 수 있는 구조가 만들어지지 않는 한, 증오와 살인의 암흑은 계속될 것이다.

그림자 자아를 놓아주는 것이
보호 장치 전부를 놓아버리는 것은 아니다.
특정한 방식을 강요받는 데서 자유로워진다는 의미일 뿐이다.

06

그림자의
이름표

한 집 아이들이
왜 이렇게 다를까?

그림자 자아는 개인의 독창성과 고유한 경험을 반영하는 창조물이다. 사람들은 종종 이런 질문을 한다.

"한 가정에서 태어나 똑같은 대우를 받으면서 자란 아이들이 왜 이렇게 다를까?"

사실 어떤 아이라도 똑같은 가정에서 양육된다고 말할 수 없다. 가족 간의 관계는 항상 변한다. 부모와 식구들 사이의 관계도 늘 변한다. 더욱이 부모는 잠재의식적으로 아이들 각각에게 다르게 반응한다. 아이들의 성별도 부모와의 관계에 깊은 영향을 미칠 수 있다. 중요한 사실은 아이들이 자기 개성을 드러내려는 강한 성향을 갖고 있으며 차이를 드러내는 자신만의 방법을 찾아낸다는 점이다. 그림자가 드리워지지 않은 부모는 없다. 따라서 아이들은 위협받게 마련이다. 그리고 존재를 위축시키는 것으로부터 자신을 지키기 위해 가면의 인격을 만들어낼 수밖에 없다.

보통 생의 초기에 형성된 방어기제는 성인이 되어서도 지속된다. 개인의 내면세계에서, 그리고 경험하는 문화 안에서 환경이 나아지거나 나빠진다면 그림자 자아도 그에 따라 조정된다. 성인이 되었을 때 겪는 문화적 경험은 벽을 무너뜨릴 기회를 제공한다. 그리고 지속적인 배려와 헌신을 베풀어주는 사람을 만나 신뢰감과 안정감을 얻을 수도 있다. 물론 반대의 경우도 있다. 성인이 되었을 때 겪는 사람과 문화에 대한 경험이 과거의 방어기제를 강화시킬 수도 있다. 따라서 참 자아를 위협하는 새로운 압력에 대한 또 다른 보호 장치가 필요해질 수도 있다. 예를 들어 직장에서 자신을 아무것도 아닌 존재라고 느끼거나, 끊임없이 자기를 무시하는 사람과 결혼할지도 모른다.

그림자 자아의 형태는 다양하다. 그런 다양한 그림자 자아들 중에서 공통점을 찾아내 하나의 자아상을 그려볼 수 있다. 하지만 이러한 자아상과 정확히 맞아떨어지는 사람은 없다. 때와 상황에 따라 자아상의 서로 다른 측면들이 적용되기 때문이다. 자신의 그림자 자아가 가진 특정한 측면을 염두에 둘 필요가 있으며, 개인의 내면을 서로 비교하는 것은 무의미하다는 사실을 기억하는 것도 중요하다. 나와 똑같은 그림자 이름표를 단 사람들이 존재할지도 모른다. 하지만 그림자가 드리워진 이유는 사람마다 다르고 그에 대한 도전의 형태도 매우 다르다. 우리는 때로 안전하고 자유로운 영역에서 벗어나 행동해야 한다. 우리가 어떤 입장에서 누구와 함께 있든, 무의식은 끊임없이 자기 자신이 될 기회를 만든다.

다음에 나올 그림자의 이름표와 그 내용은 어둠의 핵심을 이룬다. 신체적, 행동적, 정서적, 사회적, 지적, 창의적인 면에서 다양한 그림자의 이름표가 존재한다. 이러한 이름표와 자아의 모습을 깊이 관찰해 보면 많은 도움을 얻을 수 있다. 첫째로 자신을 평소에 어떻게 묘사하는지 깨달을 수 있다. 둘째로는 참 자아의 어떤 측면이 숨겨져 있는지 알아낼 수 있다. 셋째로 진정성의 토대를 만들 수 있다.

그림자 자아의 특징을 제대로 알아내기 위해 자신이나 믿을 만한 사람에게 이런 질문을 할 수 있다.

"나라는 사람은 어떤 단어로 설명될 수 있을까?"

여기에 소개되어 있는 단어의 목록은 가장 일반적인 대답이다. 하지만 그에 대한 그림자의 정의는 결정적인 것이 아니다. 그리고 파트너가 나에게 어울리는 단어를 찾아낼 때까지 나 자신에 대한 정의는 잠시 보류해두는 것이 좋다. 그렇다고 파트너가 선택한 단어가 나와 다를 때, 내가 선택한 것들을 너무 빨리 포기할 필요는 없다. 파트너와 내가 선택한 단어가 다른 이유가 다양한 영역에 걸쳐 존재하기 때문이다. 파트너가 나에게 품고 있는 숨겨진 욕구의 투사, 그에 대한 나의 거부, 한 단어에 대한 설명이 자신에게 꼭 들어맞는다는 나의 착각 등 이유는 많다. 중요한 것은 양쪽에서 선택한 단어들이 나와 파트너가 지금 어디에 있는지에 대해 정보를 제공한다는 사실이다. 우리에게 필요한 것은 서로를 받아들이는 것이지 갈등을 빚는 것이 아니다. 그리고 받아들인다는 것은 인간으로서의 표현을 제한하는 모든 벽에 도전하는 토대가 된다.

신체적인 그림자의 이름표

병약한 건강하다면 주목받지 못할까 두렵다.

강건한 지적인 면을 드러내는 것이 두렵다.

멋진/아름다운 외모가 멋지지 않아서 사랑받지 못할까 두렵다.

우울한 말하기 두려운 정서적 고통이 많다.

신경성 식욕 부진 사랑에 굶주려 있다.

몸은 결코 거짓말을 하지 않는다. 몸의 소리에 진지하게 귀를 기울인다면 어린이든 어른이든 숨겨진 세계로 통하는 문을 열 수 있다. 특히 어린이는 깊은 상처로부터 자신을 보호하기 위해 몸을 이용하는 전문가다. 하지만 '병약한' 보호 장치의 구조가 만들어지고 부모나 주변 사람들이 '약한 아이'나 '약골'로 보기 시작할 때, 우리는 가족 관계에 대해 진지하게 질문해야 한다. '병약함이 가혹한 취급을 받지 않게 해주거나 보살핌을 받을 가능성을 높여주는가?' 또는 '병이 들면 갈등이 줄어드는가?' 하는 질문에 정직하게 답해야 한다.

행위적인 그림자의 이름표

완벽주의자   실패가 두렵다.

무모한   책임감이 두렵다.

방랑자   현실 참여가 두렵다.

보살피는 사람   나 자신을 위해 무엇을 요구할 수 없다.

구원자   도움이 필요하다는 말을 할 수 없다.

탈락자   사랑받지 못하게 될까 두렵다.

소극적인   내 존재를 주장해서는 안 된다.

공격적인   눈에 띄지 않는 것은 생각하기도 싫다.

경쟁적인   실패를 받아들일 수 없다.

독재자   진짜 자아의식을 갖지 못한다.

일 중독   가만히 있는 것이 무섭다.

낭비하는 사람   자신만의 가치를 주장하기가 두렵다.

쾌락주의자   나는 중요하지 않다.

관리자   자발적이고 개방적인 사람이 되는 것이 두렵다.

　행위와 관련된 그림자의 이름표는 흔히 사용된다. 최근 들어 정서적 표현과 감수성에 대해 좀 더 개방적인 분위기가 조성되고 있지만, 정서를 언어로 표현하는 사람들은 주로 여성이다. 남성들은 여전히 자기 감정을 표현하는 데 어려움을 겪고 있다.

신경과민 나 자신이 되는 것은 조금도 안전하지 않다.

소심한 내가 얼마나 강한지 감히 나타낼 수 없다.

수줍은 나는 호감을 전혀 살 수 없다.

길 잃은 작은 소녀/소년 나 자신의 삶을 책임지는 것은 안전하지 않다.

외향적인 나의 내면세계가 나를 두렵게 한다.

내향적인 외부 세계가 나를 두렵게 한다.

예민한 경계를 풀기가 두렵다.

냉혈한 내가 사물을 느낀다는 것을 눈치챌까봐 너무 두렵다.

모성적인 여성 나 자신을 위해 살아서는 안 된다.

겁쟁이 나의 강한 면을 드러내는 것이 가장 두렵다.

연극적인 홀로 남겨지는 것이 몹시 두렵다.

괴로운 나의 삶을 즐겨서는 안 된다.

근래에는 '자기감정에 충실한 것'이 인간 성장에 필수적이며 머리로 사는 사람보다는 자기감정에 충실한 사람이 더 앞서간다고 여기는 경향이 있다. 존재의 핵심으로 다가가는 강력한 통로에는 감정 외에도 꿈, 행동, 생각, 예술, 시, 질병 등이 포함될 수 있다.

사회적인 그림자의 이름표

우수한 뛰어나지 못할까 두렵다.

열등한   평등을 요구하기가 정말 두렵다.

배우   참 자아를 드러낼 수 없다.

반골   내가 얼마나 불안정한지 보여주고 싶지 않다.

늠름한   여성스러워 보일까 두렵다.

사교계 명사   외로움을 견딜 수 없다.

독불장군   사람들에게 위협을 느낀다.

매력 있는 사람   아무도 내 모습 그대로를 사랑하지 않는다.

집에만 있는 사람   자유가 두렵다.

코미디언   나 자신에 대해 많은 것을 보여주지 않는다.

속물   사람들이 나를 무시할까 두렵다.

　

사회적인 그림자의 이름표가 익숙한 이유는 우리의 행동이 많은 경우 주변 사람들에 대한 반응이기 때문이다. 사실 인간관계는 우리가 자신을 어떻게 정의하는가를 반영하는 거울이다.

성적인 그림자의 이름표

바람둥이/요부   나 자신이 되기가 두렵다.

색골   성적인 무용담을 빼면 나는 아무것도 아니다.

성적 매력이 넘치는 여자   의지할 곳이 필요하다고 말하기 두렵다.

불감증   정서적으로 냉담하다.

불능증   힘이 두렵다.

해결되지 못한 많은 나약함이 성을 통해 표현된다. 성은 강력한 힘이지만 방어기제로 사용될 때는 음식이나 물을 섭취하지 않는 것처럼 생명을 위협하지는 않는다. 이 때문에 자아 표현이라는 숨바꼭질 같은 전쟁에서 성은 덜 위험한 무기로 사용된다.

지적인 그림자의 이름표

급진적인　남들과 같아지는 것이 두렵다.

보수적인　남들과 달라지는 것이 너무 두렵다.

비판적인　나 자신을 혐오한다.

책벌레　감정적인 것에서 위협을 느낀다.

천재　실패가 두렵다.

공부벌레　느낀다는 것이 두렵다.

많은 남성들이 지적으로 보이려고 한다. 나는 20대 중반에 지적인 사람으로 보이려고 어두운 색상의 옷을 입고 수염을 길렀다. 그리고 입에 파이프 담배를 물고 손에는 책을 든 채 주로 어두운 구석자리에 오랜 시간 앉아 있곤 했다. 나 자신을 지적인 사람으로 투사했던 것이다. 내가 두려워한 것은 내가 육체적으로나 성적으로 매력 있는 사람으로 보이지 않으면 어쩌나 하는 것이었다. 그것은 내가 직면해야 했던 중요한 도전이었다.

창의적인 그림자의 이름표

예술적인 내 작품 이상의 것이 내게 있지만 그런 면을 드러내기가 두렵다.

전위적인 사랑받지 못하는 고통을 감당할 수 없다.

독창적인 새로운 것을 계속 만들어내지 못하면 무가치한 존재가 될까 두렵다.

창의적인 그림자의 이름표는 훨씬 적은 편이다. 대부분의 인간관계와 문화는 순응을 요구하고, 순응하지 않는 것은 징벌하는 경향이 있기 때문이다. 성숙한 사람들은 이름표를 붙이지 않으며 부당하게 위협받지 않는다. 그들은 대안에 기꺼이 귀를 기울이고 논의되는 문제들에 대해 스스로 결정한다. 그들은 자아를 수용하는 견고한 기초를 가졌기 때문에 다른 사람의 견해를 무시하거나 비웃거나 비난하거나 짓밟는 따위의 반응을 하지 않는다. 오히려 자신과 타인을 모두 존중하는 선택을 한다.

자신이 붙였든 남이 붙여준 것이든 이름표 붙이기의 영향력을 인정하는 것은 중요하다. 자신에게 이름표를 붙이는 행동의 이면에는 사람들이 자신을 어떤 식으로 보고 반응해주었으면 좋겠다는 바람이 숨겨져 있다. 예를 들어 자신에게 '보호자'라는 이름표를 붙였다면 사람들이 자신에게 무언가를 요구하고 자신을 필요로 하길 원하는 것이다.

이렇게 함으로써 자신을 위해 무언가를 요구하는 데 대한 두려움 주변에 방어벽을 만드는 것이다. '골목대장'은 선하지 못한 자기의 숨겨진 세계를 위협하는 요구들이 생겨나지 않기를 바란다. 때로는 당신에게 '급진적인' 같은 이름표가 붙을 수도 있다. 이것은 사람들이 당신에 대해 어떻게 반응할지를 결정한다. 사람들은 기본적으로 당신의 말에 귀 기울이지 않는 경향이 강하다. 당신이 하는 말이, 다른 것을 두려워하는 사람들의 숨겨진 세계에 영향을 주기 때문이다.

지금까지 훑어본 이름표들은 어떤 일이 일어나고 있는지 보여주는 단서에 불과하다. 개인의 독특한 경험이 담긴 이야기를 직접 듣는 편이 훨씬 더 신뢰할 만하다. 이러한 이름표들은 사람 자체를 나타내지 못하며 따라서 사람을 판단하는 근거가 될 수 없다. 다만 진실해지는 것의 어려움을 보여줄 뿐이다. 나는 사람들이 스스로 특정한 방식에 갇혀 있다고 생각하는 것을 바라지 않는다.

나는 우리가 언제나 변한다고 믿는다. 나부터도 어떤 사람과 함께 있을 때는 '보호자'이지만 다른 사람과 있을 때는 '매력적인 사람'이기도 하고, 동료와 있을 때는 '지적인 사람'이 되기도 한다. 우리의 자아는 너무나 강력하여 특정한 분류에 갇히지 않는다. 하지만 적당한 때와 환경이 조성되기 전까지는 우리가 그림자 자아를 놓지 않으리라는 것도 사실이다. 그림자 자아를 놓아주는 것이 보호 장치 전부를 놓아 버리는 것을 의미하지는 않는다. 특정한 방식을 강요받는 것에서 자유로워진다는 의미일 뿐이다. 예를 들어 자신을 '보호자'로 정의하는 사람은 베푼다는 훌륭한 특성을 포기하지 않고 남에게 받는 사람이 될 수 있다. 주고받음의 균형을 이루게 되는 것이다.

그림자 자아는 표면적인 차원과 좀 더 깊은 차원에 존재한다. 일상적인 행동에서 드러나는 표면적인 자아는 더 깊이 숨겨진 자아와 연결된 문을 열어준다. 가장 일반적인 그림자 자아는 완벽주의자, 보호자, 받기만 하는 사람, 반항아, 지적인 사람이다.

항상 바쁜
완벽주의자

실패를 두려워하는 완벽주의자는 실적에 따라 많은 스트레스를 받으며, 자기 기준에 미달하는 사람을 용납하지 못하고 비난한다. 짜증을 내고 공격적이며 다른 사람의 필요에 둔감하다. 위기에 직면한 완벽주의자는 방어적이고 소리를 치거나 사람들을 멀리한다. 또한 매사에 경쟁적이며 자신이 탁월하게 해내지 못할 것 같은 일은 일부러 피한다. 우수한 경쟁자가 나타나 자신의 우월한 위치가 위태로워지면 쉽게 위협을 느낀다.

이들은 과거와 미래에 살기에 현재의 기쁨을 놓친다. 타인을 통제하려는 강한 욕구를 가졌으며 자기 소유물을 까다롭게 관리한다. 쿠션을 깔끔하게 놓는다든가 그림을 아주 반듯하게 걸어둔다. 질서정연한 것을 좋아하며 물건이 제자리에 정돈되어 있지 않으면 몹시 언짢아한다.

이들은 교과서처럼 규칙을 따르고 사람이나 물건을 나름의 기준으로 분류하는 경향이 있다. 성공의 기회를 놓칠까 두려워 편히 쉬기도 어렵다. 그래서 언제나 바쁘다. 마음이 평온할 때가 드물고 무엇을 기다리는 참을성이 전혀 없다.

완벽주의자는 성공을 조건으로 사랑을 베푸는 가정에서 자란 경우가 많다. 이들에게 '완벽해지는 것'은 거부당하는 것을 막아주는 보호막이다. 이들은 자신이 근본적으로 완전하며 행동이 아니라 고유한 존재로 사랑받는다는 사실을 깨닫기까지 상당한 지지와 인정을 필요로 한다.

늘 지쳐 있는
보호자

보호자는 자신을 남들을 위해 존재하는 사람으로 여긴다. 이들은 사려가 깊어 항상 남들을 보살핀다. 이들은 도움이 필요한 사람들의 요구를 들어주느라 항상 지쳐 있다. 자신을 위해서는 아무것도 요구하지 않으며 남들을 위한 일에만 나선다.

이들의 사전에는 "아니요"라는 말이 없다. 이들은 보살피는 역할에서 안정감을 얻는다. 어떤 사람이 도움을 거절하면 위축되거나 희생자 같은 반응을 보인다. 냉소적이고 비꼬는 태도는 이들이 원래의 상태를 회복하는 데 이용될 수 있다. 보살피는 역할에 의존하게 된 사람이 보살피는 행동을 중단하기란 알코올 중독자가 술을 끊기보다 더 어려울 수도 있다.

이들은 자신을 거의 돌보지 않는다. 남을 돌보느라 개인적인 안녕은 철저히 무시한다. 그리고 다른 사람에게 사랑, 친절, 보살핌 또는 선물을 받는 것을 대단히 어려워한다. 무언가를 받는 것을 무가치하게 여기는 관념 때문이다.

보호자는 잠재의식적으로 자신과 가까운 사람들을 위해 모든 것을 해줌으로써 관계를 조정한다. 그리고 자신이 다른 사람들을 무기력한 상태로 몰고갔다는 사실과 자신의 가치가 존재 자체에 있다는 진실을 부정한다. 이들은 대개 피로, 심신쇠약 등의 증상을 갖고 있다.

보호자는 다른 사람들을 위해 사는 것 같은 부모 밑에서 자랐을 가능성이 있다. 또한 지나치게 많은 요구를 하는, 공격적이고 변덕이 심한 부모를 만족시켜야 했을지도 모른다. 남을 돌보는 데 탐닉하는 사람은 타인을 돌보려는 충동이 극단적으로 이기적인 것이라는 사실을 알지 못한다. 이것은 역설적인 사실이다. 다른 사람을 보살피려는 통제적인 행동은 상대를 무기력하게 만들 수 있다. 그리고 보살핌을 받는 사람이 보살핌을 거절하지 못하게 만들 수도 있다.

완벽주의자와 마찬가지로 보호자라는 그림자 자아를 키워온 사람은 자신의 진정한 가치가 행동이 아니라 존엄한 자아 자체에 있다는 진실을 깨달아야 한다. 그러려면 인내, 사랑, 용기, 지지가 필요하다. 보호자는 자아의 깊은 차원에서 사랑받고픈 강한 욕구를 지니고 있다.

교묘하게
받기만 하는 사람

'받기만 하는 사람'은 모든 면에서 보호자의 반대편에 있다. 이들의 욕구는 타인에 의해 충족되어야 한다. 이들은 자기가 필요한 것을 표현할 때 지나치게 요구하며 공격적인 경향이 있다. 이들의 행동 범위 안에는 욕구 충족이 늦어진다는 것이 존재하지 않는다. 그리고 자신의 욕구를 스스로 충족시키라고 제안하는 사람을 참지 못하고 무시한다.

욕구가 충족되지 못하면 투덜대다가 소동을 일으키고 폭력을 쓰기도 한다. 잠재의식 속에서 이들은 다른 사람들이 자신의 욕구를 채워주는 것을 사랑받는 증거라고 여긴다. 하지만 불행하게도 이것은 밑 빠진 독에 물을 붓는 격인데, 욕구가 한 번이라도 충족되지 못하면 사랑받지 못하고 거부당하는 증거라고 생각하기 때문이다. 이들은 자신의 욕구를 충족시키는 데는 달인이지만 다른 사람들의 욕구는 거의 고려하지 않고, 교묘한 방법으로 항상 자신에게 관심이 돌아오도록 유도한다.

또한 다른 사람들에게 관심을 보이지 않는다. '눈에서 멀어지면 마음도 멀어진다'라는 말은 타인에 대한 이들의 태도를 나타내기에 적절한 표현이다. 이들은 매우 의존적이어서 자신을 보살펴주던 배우자나 부모가 사망하면 오래 살지 못하는 경향이 있다. 실제로 이들은 자신을 돌봐주는 사람보다 먼저 죽는 경우가 많다. 심지어 보살펴주는 사람이 먼저 병이 걸렸을 경우에도 그렇다.

이들은 어머니가 아이들을 버릇없이 기르고 아버지 역시 '받기만 하는 사람' 역할을 하는 가정에서 자랐을 가능성이 있다. 일반적으로 말하면 받기만 하는 사람은 아버지와 좋은 관계를 맺지 못한다. 불행하게도 이들은 '보살펴주는' 어머니의 치마폭에 계속 싸여 있는 것이다.

받기만 하는 사람은 다른 사람을 사랑하고 친절하게 대하려는 욕구를 자기 안에 가두고 있다. 받으려는 충동에서 벗어나더라도 보호자가 자신을 버리지 않는다는 것, 그리고 그렇게 할 때 홀로 설 수 있다는 진실을 깨달으려면 많은 지지가 필요하다. 자유롭게 사랑을 주고받을 수 있는 위치에 있는 사람의 지원이 특히 중요하다.

공격적인 반항아

'반항아'라는 가면을 쓴 사람은 주변 사람과 상황에 끊임없이 반응한다. 공격적이고 비판적이며 격정적이고 논쟁적이다. 누구에게든 무엇에든 좋은 소리를 할 줄 모른다. 관계에서 늘 분란이 끊이지 않고, 좀처럼 얻기 힘든 안전함을 찾아서 한 관계에서 다른 관계로 자주 옮긴다.

이들은 사람들이 자신을 착취하려 든다고 믿으며 언제나 다른 사람의 동기를 의심한다. 이들은 일이나 놀이 등에서 경쟁적인 경향이 있다. 반항아는 자신을 '관행에 따르지 않는 사람'으로 여기는 경우가 많지만, 관행을 거부할 만큼 확고하고 참신한 견해를 가진 경우는 거의 없다. 이들은 외부의 적으로부터 자신을 보호하는 데 모든 정력을 써 버리는 것처럼 보인다.

이들의 리더십은 오만하고 공격적인 경향이 있으며 냉소적이고 빈 정거리는 태도를 무기로 삼는다. 이들은 남의 말은 잘 듣지 않지만 남이 자기의 말을 듣지 않으면 몹시 화를 낸다. 자신에게 주의를 기울여 주기를 요구하며 자기 욕구를 만족스럽게 충족시키지 않으면 거부하는 것으로 간주한다. 무시당했을 때의 반응은 극단적이며 상대방을 완전히 곤혹스럽게 만들기도 한다. 이런 반항아의 전형적인 가정환경은 부모가 자신이나 자녀에게 매우 비판적이고 기대치가 높다는 것이다.

반항아는 내면적으로는 외로움과 상실감, 두려움을 느끼며 거부에 대한 공포를 지니고 있다. 그러나 겉으로는 이러한 연약함을 다른 사람에게 나타내지 않으며 용감한 사람인 것처럼 위장한다. 반항아에게 필요한 것은 무조건적인 수용, 자신의 독특한 개성과 차이점에 대한 인정, 그리고 상처, 두려움, 사랑 받고 싶은 마음 같은 내면의 감정을 드러내도록 하는 격려와 지원이다.

차가운 지식인

'지식인'은 머릿속에서 살아가는 사람들이다. 이들은 아이디어, 사고, 철학에서 행복을 느끼며 감정을 두려워하고, 자신을 보호하기 위해

머리와 가슴을 교묘하게 단절시킨다. 이들은 냉정하고 남들과 어울리려고 하지 않는 것처럼 보이며, 아무도 사랑할 줄 모르는 것 같다. 사랑에 대한 언급은 즉시 비판적으로 묵살된다. 또한 냉소적이고 비꼬는 언어를 구사하는 데 전문가라고 할 수 있다.

직업인으로서는 성공하지만 관계, 우정, 결혼, 가정을 유지하는 데는 실패하는 경향이 있다. 가족과의 관계에서도 정서적으로 공감하지 못하고 지적인 관계를 맺을 뿐이다. 지식인은 잠재의식적으로 감정에 대한 두려움과 높은 학업 성취에 순응하는 것을 배운다. 이들은 부모가 모두 학업 성취에 집착하고 정서 표현과 수용 면에서 어려움을 겪는 사람들인 경우가 많다. 지적인 무용담만 강조되는 것이다.

지식인들은 학교에서 우등생이 되기도 하지만 집단 따돌림의 희생자가 되기도 한다. 교수, 공부벌레, 선생님의 애완견 등의 별명으로 놀림당하는 경우가 많다. 비슷한 공부벌레를 유일한 친구로 두는 경우가 있지만, 그들 사이의 우정은 흔히 경쟁심 때문에 위태로워진다. 지식인들이 자신의 컴퓨터나 책에서 가장 큰 행복을 느끼는 것은 거의 예외가 없다.

이들은 지식의 보고와 같아서 사람들은 이들로부터 흥미로운 이야기를 들을 수 있다. 하지만 정서와 자극적인 면, 자발성, 스릴, 사랑 등이 결여되어 있기 때문에 사람들이 지속적인 흥미를 갖지 못한다. 이들은 다른 사람들이 자신들을 떠나면서 지식의 갑옷에 흠집 내는 것을 허용하지 않는다. 이 때문에 "인간관계가 필요해?", "그 따분한 인간을 떼버려서 기쁘군!" 하는 태도로 사람들이 떠나는 것을 환영한다.

　설령 비극적인 사건이 일어나더라도 이들이 감정의 둘레에 세워놓은 장벽을 뚫지 못한다. 분노나 슬픔, 상실감을 느끼는 보통 사람들에게는 이런 사실이 매우 충격적으로 받아들여진다. 이런 지식인들을 설득하여 숨겨진 넓은 감정의 세계를 탐험하게 하기는 매우 어렵다. 조급하게 몰아붙이면 고혈압, 심장병, 암, 편두통 같은 건강 문제를 일으킬 수 있다. 엄연히 존재하는 감정의 파도를 억제하는 것은 심한 압박과 긴장을 일으킨다. 이것을 다시 풀어놓으려면 신체적 질병이라는 비용을 지불해야 한다. 머리로 사는 사람들이 머리와 가슴 사이의 소통을 회복하도록 돕고 격려하려면 상당한 인내심이 필요하다.

사랑하고 사랑받고 능동적이고
자유롭고 창조적이고자 하는 욕구와 개성은
끊임없이 모습을 드러낸다.

07

◇◇◇◇◇◇◇◇◇◇◇◇◇◇◇◇◇◇◇◇◇◇◇◇◇◇◇◇◇◇◇

보이지 않는 나

완전한
어둠 속의 나

이 세상에서 다른 사람들이 나를 필요로 하고 사랑하고 가치를 인정해주고 지켜보고 소중히 여기지 않는 것보다 더 고통스러운 일이 있을까? 있다. 그것은 바로 자기 자신을 사랑하지 않는 것으로서 완전한 어둠 안에 존재하는 것이다. '완전한 어둠'은 자기 존재감을 갖지 못한 사람에게 드리워진 어둠을 의미한다. 반면에 '희미한 어둠'은 진정한 자기 존재감을 부분적으로 유지하고 있는 사람에게 드리워진 어둠이다.

오랫동안 나는 '무가치한', '아무것도 아닌', '더러운', '비열한', '보잘것없는', '구역질나는', '끔찍한', '혐오스러운', '천한' 같은 말로 스스로를 표현하는 사람들을 만났다. 이러한 이름표는 자신을 세상에 드러내는 그림자 자아다. 이러한 그림자 자아의 이면에는 자신이 가치 있는 존재라는 진실이 드러날까 두려워하는 잠재의식적인 공포가 있다. 서로를 방치하는 관계나 문화 속에서 끔찍한 내면의 보호 장치가 자아의 빛을 가리는 것이다.

무의식적으로 우리는 진정한 자신이 되는 것이 얼마나 위험한지 알고 있다. 한편 우리가 사용하는 보호 장치들은 우리 안에 존재하는 어둠을 경고하는 강렬한 메시지로 작용한다. 심각한 방치에 대응하는 보호 장치로는 이런 것들이 있다.

- 알코올 중독
- 돈/일 중독
- 우울
- 과식
- 약물 중독
- 광신
- 편집증
- 소유욕
- 극단적인 질투
- 마조히즘과 사도마조히즘
- 극심한 정신적 고통
- 폭력
- 만성 불안증
- 망상
- 식욕 부진
- 책임감 상실
- 강박적인 충동 행동
- 환각
- 타인과 자아에 대한 혐오
- 분노
- 자해
- 중병
- 야심의 결핍
- 고립

보이지 않는 이면의
역사

가족이나 주변 문화의 어둠은 개인이 지닌 독특한 존재의 빛을 철저히 숨기도록 만든다. 완전한 어둠 안에 놓인 사람은 성장 과정에서 물리적인 보살핌을 받기는 했지만, 정서적인 유대가 결핍되거나 철저하게 무시당하거나 개성 표현이 허용되지 않았을지도 모른다. 어떤 가족 안에서는 참 자아를 드러내지 않는 부모가 자녀들을 어두운 세계로 끌어들이며 악순환이 반복되기도 한다. 학교, 친척, 공동체, 국가처럼 더 넓은 문화가 이러한 가족 상황에 개입하지 않을 경우, 가족 구성원들이 느끼는 어둠은 훨씬 깊어진다. 좀 더 포괄적인 문화는 빛에 굶주린 어린이들에게 생명줄 같은 역할을 할 수 있다. 기본적으로 교육의 중심에는 부모가 있어야 한다. 나아가 불행한 가정의 어린이들은 더 많은 사람들로부터 소중히 여겨져야 한다. 아이를 돌보는 것은 오직 부모의 책임이라고 합리화하며 눈을 감고 고개를 돌리는 태도는 어린이와 부모와 사회 모두에게 도움이 되지 않는다. 짙은 어둠이 드리워진 세계에서 부모들은 최선을 다하고 있으며 그들에게도 필요한 도움이 주어져야 한다. 더불어 판단이 아닌 이해와 동정심을 바탕으로 하는, 좀 더 포괄적인 문화의 개입이 필요하다.

어둠에 가려져 있다고 느끼는 사람들도 자신의 삶을 어떻게 살아야 할지 알고 있다. 하지만 진정한 자신이 되려는 시도를 할 경우 가해질 위협 또한 너무나 잘 알고 있다. 이들이 살아온 내력을 자세히 들여다보면 어둠 속에 숨게 된 충분한 이유가 있다.

참 자아를 숨기게 되는 징후는 사람에 따라 다르다. 다음에 소개될 증상들을 우울증, 정신분열증, 신경증 같은 이름표로 묶는 것은 개인의 존재를 더욱 어둡게 한다. 또한 이 증상들 각각에는 그 안에 숨겨진 도전이 있다.

알코올이나 약물 중독   자신의 느낌을 표현하라.

자신을 부끄러워함   자신의 중요성을 표현하라.

비난   자아를 책임져라.

칭찬을 받아들이지 못함   긍정적인 피드백을 자유롭게 받아들여라.

지속적으로 비참하게 느낌   자아와 삶을 포용하라.

냉소적이고 빈정거림   진실로 느끼고 생각하는 것을 말하라.

좌충우돌하는 인간관계   독립하라.

망상적임   실제를 깨달아라.

취약함을 부인함   취약함을 인정하고 표현하라.

우울함   자신의 삶을 살아라.

책임감 있는 생활의 포기   현실을 직시하라.

무감동   정서를 표현하고 수용하라.

극단적인 완벽주의   실패를 받아들여라.

극단적인 자기비판   자신을 행동과 동일시하지 마라.

다른 사람들은 모두 잘사는 것처럼 느껴짐   자신의 삶을 살아라.

비평에 과민해짐   직관의 목소리를 들어라.

마조히즘과 사도마조히즘   차마 표현하지 못하는 고통을 표현하라.

야망의 결여   삶의 모험을 맞아들여라.

강박충동적인 행동   자신을 행동과 동일시하지 마라.

편집증   자신의 직관을 믿어라.

다른 사람을 소유하고자 함   자아를 소유하라.

분노   자신의 행동에 책임을 져라.

적의, 고독, 고립감   다른 사람에게 손을 내밀어라.

결단력 없음   위험을 감수하라.

환상의 세계에 머무름   자신의 실제 가치를 발견하라.

다른 사람에게 전적으로 의존함   마음에서 우러나는 삶을 살아라.

자아를 무시함   자아를 돌보라.

염세적이고 환상적임   현실적이 되어라.

비평에 옹졸하게 반응함   자신의 숨겨진 상처에 대해 말하라.

완고하고 융통성이 없음   차이를 용인하라.

자살 충동   숨겨진 무관심에 대해 침묵을 깨라.

자기혐오   자아를 사랑하라.

극도의 불안   자아를 인정하라.

변덕스러움   신성한 내면세계의 견고한 토대를 발견하라.

양심을 품음   마음의 상처를 책임져라.

계속되는
마음의 표현

참 자아는 언제나 그림자 자아의 도움 없이 활동할 수 있는 상황을 조성하려고 노력한다. 사랑하고 사랑받고 능동적이고 자유롭고 창조적이고자 하는 욕구와 개성은 끊임없이 모습을 드러낸다. 하지만 주변의 위협으로부터 자아를 보호하기 위해 비밀스러운 방법을 사용한다.

가령 남들이 자신에 대한 이야기를 하고, 자신 안에 있는 나쁜 것을 보고, 속으로 하는 이야기를 듣고, 마음에 어떤 생각을 주입한다고 믿는 사람들은 자신이 진정으로 원하는 것을 남들에게 투사한다. 이들은 힘들어하는 이유를 굳이 말하며 자신이 당한 불행을 훤히 드러내고, 사람들에게 자기 이야기를 듣도록 요구하고, 마음속에 가득 찬 생각을 거리낌 없이 마구 표현한다. 잠재의식 차원에서 이들은 자신이 내면에 숨겨진 세계를 드러내고 있음을 남들이 알아주고, 참 자아를 표현할 기회가 제공되기를 원한다. 하지만 불행하게도 대부분의 사람들에게는 그림자가 드리워져 있기 때문에, 이러한 편집증적인 행동에 위협을 받는다. 그리고 이런 망상적 행동을 하는 이들을 피하려고 한다. 이러한 그림자 반응은 숨어 있는 사람을 더 깊은 어둠으로 몰아간다. 이렇게 자존감이 추락하고 어둠에 둘러싸인 사람은 주의를 끌려는 노력을 하게 된다. 최종적으로 자살을 선택하기도 한다. 이것은 사랑과 이해 그리고 동정을 구하려는 절망적인 몸짓이다.

"나는 예수 그리스도다."

"나는 성모 마리아다."

"나는 귀신들렸다."

이렇게 말하는 사람들은 대부분 자신이 어둠 속에 숨겨져 있다는 사실을 망상으로 표현하는 것이다. 여기에 숨겨진 문제들은 이러한 놀라운 표현으로 상징화된다.

"내 빛이 드러나기를 원해."

"나 자신을 돌볼 필요가 있어."

"내 마음속에는 털어놓아야 할 엄청난 압박감이 있어."

강박적인 충동 행동을 보이는 사람들 또한 자신 안에 숨겨진 두려움을 드러내는 것이다.

수도꼭지, 가스, 전기 스위치 같은 것들을 강박충동적으로 점검 "내 감정을 감히 표현할 수가 없어."

전등을 강박충동적으로 점검 "나의 빛을 차마 드러낼 수가 없어."

강박충동적인 정리정돈 "내 마음속의 무질서를 감히 표현할 수 없어."

강박충동적인 청소 "내가 지금껏 쓰레기 취급을 당했다는 걸 표현할 수 없어."

이것들은 몇 가지 사례에 불과하며 숨겨진 메시지는 사람마다 다르다. 어두운 가족과 문화의 그림자에 갇힌 사람들은 진정한 자신이 되기를 두려워한다. 그러므로 더 나은 조건을 가진 사람들이 그들을 도와야 한다. 또한 정치와 사회 시스템은 그들이 어둠 속에서 흔드는 희미한 깃발이 헛수고가 되지 않도록 책임을 다해야 한다.

내가 숨겨지게 된 근본적인 이유

참 자아가 어둠 속에 숨겨지게 된 근본적인 이유는 인간관계와 문화에 있다. 그리고 어둠이 빛을 가리는 정도는 얼마나 강하게, 얼마나 자주 그리고 얼마나 오랫동안 참 자아의 표현을 차단했는지에 따라 달라진다.

어둠이 번지는
관계

마약, 알코올, 일, 폭력이나 극단적으로 수동적인 성향에 중독된 가정에서 태어난 아이들은 커다란 고통을 겪는다. 나는 유아기 때 여러 날 동안 아무런 보살핌을 받지 못하고 혼자 방치되었거나, 울었다는 이유로 구타를 당한 사람들을 상담해왔다. 그들은 마약에 취한 환각 상태에서 성폭행을 당하거나 신체적인 손상을 입었다. 이러한 경험은 몇 날, 몇 주, 몇 년씩 계속되었다.

깊은 우울감이나 극도의 불안감 또는 편집증이나 완벽주의 성향이 있는 부모는 자녀가 참 자아를 유지할 수 있도록 지속적으로 보살피고 격려하고 사려 깊게 지도해줄 위치에 있지 못한다. 이러한 부모의 자녀들은 날마다 체벌과 까다롭고 권위적인 태도, 과잉 통제, 과보호, 잔소리, 버리겠다는 위협을 경험한다.

이러한 부모를 판단하거나 비난하려는 의도는 전혀 없지만 부모의 숨겨진 감정이 자녀에게 대물림되고 있는 것은 현실이다. 부모, 교사, 남편, 아내, 연인, 지도자로서 우리는 자신이 가진 것만을 줄 수 있다. 어둠 속에 머무는 사람이 타인에게 사랑의 빛을 가져다준다는 것은 불가능하다. 이들이 타인과 긍정적인 관계를 맺을 수 있으려면 먼저 자신 안의 어둠에 책임져야 한다.

그들에게 그렇게 할 기회가 주어지지 않는다면 그들 안에 존재하는 어둠이 더 큰 어둠을 만들어내지 않도록 해야 할 책임은 사회 체제에 있다. 지역사회, 교육 기관, 정부 기관이 아동들에게 보다 더 관심을 기울인다면 상황이 개선될 수 있을 것이다. 그러나 그보다 더 근본적인 성찰이 필요하다.

예를 들어 부모의 역할은 직업으로 간주되고 있지 않지만, 세상에서 가장 힘든 직업이라고 할 수 있다. 그런데도 부모의 역할을 맡으면서 어떤 훈련이나 반성도 하지 않는다. 그뿐 아니라 보모, 교사 등 어린이를 가르치고 보살피고 양육하는 수많은 사람들 또한 어린이에게 영향을 미치는 자신의 어둠에 대해 진지하게 반성하고 책임지려 하지 않는 것이 현실이다.

개인이 사라진
문화

가정, 학교, 교실, 종교, 직장, 정치 문화의 현장에서 개인은 익명성을
흔히 경험한다. 〈밀레니엄 회의〉에서 한 가톨릭교회 지도자는 "개인성
이 가정을 파괴했다"라고 말했다. 이러한 주장은 여성을 철저히 소외
시키는 가부장 문화의 어두운 측면에서 비롯됐다. 모든 인간을 기본적
으로 악한 존재로 보고, 교회의 명령을 준행하도록 부름받은 소수 '특
권층' 남성들에게만 권력을 부여하는 오만함을 보여주고 있는 것이다.

종교가 영향력을 잃어 가는 것은 교회 출석률이 급감하고 있는 현
실에서도 나타난다. 개인성은 건강한 문화의 초석이다. 상호 존중과
배려는 개인성을 존중하는 사회에서 꽃을 피운다.

많은 어린이들과 교사들도 학교 시스템 속에서 존중받지 못하고 있
다. 아이들은 똑똑하다고 칭찬하거나 우둔하다고 혹평하는 학교 분위
기에서 커다란 고통을 겪는다. 일부 아이들은 학교 안팎에서 또래들과
교사로부터 지속적으로 괴롭힘을 당하다가 자살하거나 살인을 저지
르기도 한다. 교사들도 오랫동안 아이들을 제대로 키우지 못하는 교육
제도의 희생자이다.

직장은 오래전부터 직원들을 무시하는 문화로 악명이 높았다. 여전
히 신체적, 언어적 폭력과 괴롭힘, 착취가 성행하고 있다. 일에는 인간
의 존엄성에 어울리는 가치가 있어야 하며 개인과 집단은 이러한 가치

를 만들어야 한다.

참 자아의 모든 면을 숨기는 사람들은, 개인을 소중히 여기지 않으며 약한 사람들을 착취하고 어두운 정치 철학에 철저히 순응하도록 강요하는 정치 체제의 일원이 될 수도 있다.

어둠이 드리워졌다고
느끼는 사람에게

자신이 무가치하다고 느끼는 사람이 의료 기관에 가면 환자로 받아들여지는 경우가 아주 많다. 정신과 병명이 붙여지고 가망 없다는 말을 들으며 향정신성 약물 처방을 받기도 한다.

정신과 병명을 붙이는 것은 깊은 고통에 처한 사람의 극단적인 그림자 행동으로부터 거리를 두려는 무의식적인 대응일 수 있다. 실제로 병명을 붙이는 것 자체가 그림자 행동이다. 이것은 자신의 무력함을 인정해야 하는 상황으로부터 전문가를 든든히 보호하는 역할을 한다. 또한 어떻게 자신의 그림자 자아가 고통을 일으킨 원인이 되었는지를 생각해야 하는 상황으로부터 가족 구성원, 특히 부모나 배우자를 보호한다.

나는 정신분열증, 조울증, 우울증, 인격 장애, 주의력 결핍 장애라는 이름표가 붙여진 사람들과 많은 시간을 보냈다. 이들 가운데 많은 사람들이 약물의 도움 없이도 자신의 가치를 깨달았으며 일부는 약의 도움을 받았지만 결국은 모두 약물 의존에서 벗어났다. 이들의 이야기는 경이로웠다. 비록 나 자신과 도움을 구하는 사람 양쪽 모두에게 대단한 인내심이 요구되기는 했지만 그들이 자신의 고유한 가치와 신성함, 독특성을 깨닫는 여정에 동행하는 일은 행복했다. 많은 전문가들이 도움을 구하는 사람들이 자신의 어려움에 대한 해결책을 알고 있다는 사실을 인식하지 못한다. 그들은 질문받을 기회가 없었기 때문에 무의식적으로 침묵하는 것뿐이다. 어둠에 숨겨진 사람들 대부분은 다른 사람에게서 자신의 문제가 무엇인지 듣는다. 하지만 그림자 행동에 대한 해결책을 아는 사람은 바로 그 자신이다. 도와주는 사람은 거울 역할을 하면서 이미 알고 있지만 드러나지 않거나 깨닫지 못한 것을 비출 뿐이다. 그렇다고 도와주는 사람이 도움을 구하는 사람의 내면을 반영하는 훈련만 받으면 된다는 말은 아니다. 먼저 자신의 가치를 깨닫고 (또는 적어도 그러한 목표를 지향하고), 인내심과 이해심과 동정심이 있으며, 내담자가 자아의 빛을 숨길 수밖에 없었던 이유를 정확하게 짚어줄 수 있는 전문 상담사의 도움은 매우 중요하다. 나 역시 자아를 깨닫는 과정을 지원하는 사람들이나 문화를 접하게 됨으로써 도움을 얻을 수 있다고 믿는다.

Whose life are you living?

내가 나타나다

피어나는 자존감

우리는 언제나 지혜와 힘을 지니고 있다.
이것은 우리를 보호하는 그림자 세계를 만들기도 하고
빛으로 돌아가는 여행을 하도록 이끌기도 한다.

08

참 자아를
알기 위한 여행

여행을
시작하면서

참 자아를 깨닫는 것은 복잡하고 어려우면서도 흥미진진한 여행과 같다. 이것은 긴 여정이다. 자신을 숨기고 살아온 여러 해 동안 자존감은 점차 사라지고, 우리의 참 자아로부터 너무 멀리 떠났기 때문이다. 내면을 향한 여행은 복잡한 과정이다. 필요해서 만들어지기는 했지만 당신의 빛을 가렸던 그림자 보호 장치들에 대한 이해와 공감이 필요하기 때문이다. 이것은 어려운 여행이다. 숨겨진 것들, 즉 깊은 상처, 고통, 수치, 굴욕감, 분노, 두려움과 공포를 건드려야만 한다. 하지만 이 여행은 흥미롭기도 하다. 우리 내면세계의 광대함과 존재의 신성함, 독특성, 재능을 점차 발견해나가기 때문이다. 우리는 내면을 향한 여행에서 이러한 기본 단계들을 거친다.

- 빛 속에 사는 것의 의미 이해하기
- 자신을 사랑하기를 멈춘 적이 없었음을 알기
- 자아를 깨닫는 과제 맡기
- 내면을 향한 여행 시작하기
- 자아 바꾸기가 아닌 깨닫기
- 그림자 자아 끌어안기
- 숨겨진 것을 끌어안기
- 타인에게 드리운 그림자 끌어안기

내면을 향한 여행을 시작할 때 기억해야 할 사실은 우리가 다사다 난한 인생의 여정 속에서도 지금까지 신성한 자아를 잘 지켰다는 것이 다. 이제 보호 장치 밑으로 들어가 참으로 놀라운 것을 드러낼 때가 왔 다. 그것은 바로 우리 자신이다.

빛 속에 사는 것의 의미 이해하기

정말로 자신의 삶을 살아가는 소수의 사람들이 있다. 그들은 자신의 경이로움과 독특성을 뚜렷이 느끼고 개인성을 확실히 표현하며 다른 사람의 신성함과 개인성 또한 존중한다. 빛 속에 사는 사람들은 이러한 특징을 갖고 있다.

- 필요할 때 지원, 도움, 충고를 요청한다.
- 사랑을 주고받을 줄 안다.
- 주위 환경을 고려한다.
- 결단력이 있다.
- 감정을 표현하고 받아들일 줄 안다.
- 실패를 받아들인다.
- 융통성이 있다.
- 있는 그대로 자유롭다.
- 자신과 타인의 차이점을 존중한다.
- 독립적이다.
- 자신과 타인의 말에 귀를 기울인다.
- 도전을 사랑한다.
- 사생활을 사랑한다.
- 무조건 순응하지 않는다.
- 개방적이다.
- 낙천적이다.
- 몸이 건강하다.
- 온 마음으로 자신과 타인의 삶에 손을 뻗는다.

- 자신과 타인을 모두 존중한다.
- 실패와 성공을 상대적인 것으로 본다.
- 자아를 모든 행동과 분리해 인식한다.
- 다른 사람들의 행동에 구애받지 않는다.
- 영적이다.
- 자발적이다.
- 자신의 삶에 책임을 진다.
- 성실한 자세로 삶에 임한다.

자신에게 진실한 사람들도 자신의 존재를 존중하지 않는 사람들이나 문화에 직면하면 방어 행동을 필요로 한다. 이러한 위협 앞에서는 후퇴하여 신성한 자아를 안전하게 드러낼 수 있을 때까지 보살피는 것이 현명하다. 또 하나의 가능성은 사람들의 권리를 주장하고 어둠 속에 있는 사람들에게 빛으로 나아갈 기회를 제공하는 문화 운동에 참여하는 것이다. 예를 들어 여성 운동은 가부장적이었던 사회에서 여성의 지위를 대폭 신장시켰다. 오늘날에는 학부모 단체도 목소리를 높이고 있기 때문에 아이들이 자기 존재를 더 많이 드러내고 있다. 적어도 서구 사회에서는 그렇다.

빛 속에 사는 사람들은 어렸을 때부터 무조건적인 사랑을 받는 행운을 얻어 다양한 방법으로 개인성을 표현했을 가능성이 크다. 또는 성인이 되어서 인적이 드문 길을 택하고 자기 존재의 충만함을 회복할 기회를 얻었을 수도 있다. 어느 시대에나 빛 속에 사는 사람들이 있다. 지금은 심리적인 치료 요법과 다양한 영적 가르침을 접할 수 있기에 자존감을 회복할 수 있는 기회가 훨씬 더 많다. 그러나 여전히 많은 사람들이 과거의 경험과 자기 존재의 가치를 가리는 문화로 인한 어둠에 갇혀 있다. 어둠 속에서 빛을 구하는 사람들에게 희망을 주기 위해서는 인내심과 공감이 필요하다.

자신을 사랑하기를 멈춘 적이 없었음을 알기

자아는 자신을 보살피기를 절대로 중단하지 않는다. 이러한 생각은 불안하고 우울하고 외롭고 병들고 충동적이고 가학적이고 폭력적이고 비참한 사람들을 보면 터무니없어 보일지도 모른다. 하지만 자아를 막대한 가치를 지닌 진주라고 생각해본다면 그것을 지키기 위해 가야 할 길이 뚜렷하게 보일 것이다. 많은 사람이 그 값진 진주를 차지하려고 살인까지 저지를지 모른다. 그래서 강탈, 위협, 협박, 폭력 등 온갖 종류의 위험으로부터 지키는 일이 필요하다. 당신은 값진 진주를 간직하기 위해 튼튼한 금고에 넣어두고, 첨단 보안 시스템을 이용하고, 도난과 손상에 대비한 보험을 들고, 무기를 휴대하는 등 진주의 안전에 필요한 일이라면 무엇이든 할 것이다.

이러한 모든 방어 행동이 진주의 안전을 보장한다. 마찬가지로 당신은 독특한 자아를 보호하기 위해 가장 놀라운 보호 장치를 만들어낸다. 진주에 비하면 당신의 신성한 자아가 직면하는 위험은 훨씬 다양하고 더 위협적이다. 즉 신체적, 정서적, 사회적, 지적, 성적, 직업적, 행동적, 영적인 위험이 도사리고 있다. 하지만 금고 속의 진주가 안전하게 지켜지는 것처럼, 보호 장벽 또한 그것이 얼마나 높거나 두텁건 간에 그 뒤에 숨겨진 자아도 온전한 상태로 보존된다.

자아를 깨닫는
과제 맡기

그림자 속의 사람들에게 진정한 자신이 되는 것은 생각만 해도 두려운 일이다. 그림자가 짙을수록 두려움도 커진다. 그림자 속의 사람들은 진정한 자신이 되는 것의 위험을 잘 알고 있다. 때문에 그림자 안에 숨겨진 채로 머무는 편이 더 안전하다고 생각한다. 유명한 정신분석가인 D. W. 위니코트는 "숨겨지는 것이 즐거움을 가져다줄지도 모르지만, 끝내 발견되지 못한다면 그것은 재앙이다"라고 말했다.

　방향을 바꾸어 인적 드문 길로 계속 나아가 참 자아로 돌아갈 전망이 보이면 보호 세력이 커질 수 있다. 그림자 속의 사람들은 진정한 자신이 되는 것이 처음에는 더 큰 불안과 혼란을 불러올 수 있음을 안다. 형식적인 결혼 관계에서 벗어나려고 결심하는 여성을 예로 들어보자.

　홀로 된다는 것, 시댁과의 관계, 해결되지 않은 결혼 생활의 갈등, 결혼 생활을 지속하고자 하는 배우자 쪽의 공격성이나 냉담함으로 인한 위협, 자녀들에게 무슨 일이 일어날 것인가 하는 매우 어려운 문제를 고려할 때 이것은 결코 쉬운 결정이 아니다. 부모는 말할 것도 없고 친척이나 친구들도 그녀를 말린다. 이러한 상태에서 그녀는 위험을 피하기 위해 교묘하게 계속 결정을 미룰 수도 있다.

자신에게 진실하기를 두려워하는 사람들은 '너무 바빠서' 변화될 시간이 없는 것처럼 보인다. 끊임없이 해야 할 일들을 이야기하고 긴급한 문제를 들고 오거나 일할 시간이라고 주장한다. 이는 자아를 깨닫는 문제가 제기되는 것을 회피하는 태도다. 이 사람들은 자신이 언제나 도전한다고 착각할 수 있다. 하지만 그 도전은 새로운 부엌, 새 자동차, 새 직업, 새로운 흥밋거리 등 모두 외부적인 것이게 마련이다. 자아의 내면, 독립성, 참 자아의 표현 같은 문제는 교묘하게 피해간다.

자아를 깨닫는 여행에 겁을 집어먹은 사람이 자주 쓰는 또 다른 전략은 냉담함이다. 앞으로 나아가는 것이 그저 골치 아픈 문제라고 치부한다. 자아의 등장을 회피하는 또 다른 전략은 지원이나 격려가 부족하다고 남들을 탓하는 것이다. "친구들이 힘내라고 말해주기만 한다면" 또는 "가족이 나를 지원해줄 것이라는 확신만 있었다면" 같은 이유를 댄다. 흔히 보이는 또 다른 반응은 목표를 너무 높이 설정해 실패하도록 만드는 것이다. 이렇게 하면 "이런 일 따위는 쓸데없는 짓인 줄 알았다니까"라고 말하며 포기할 수 있다.

실패에 대한 두려움은 사회 속에 만연해 있다. 이는 진정한 자신이 되어야 하는 도전을 받을 때 요긴하게 쓰인다.

"일이 잘 안 풀리면 어떡하지?"

"친구를 잃게 되면 어떡하지?"

"어떤 보장을 할 수 있는데요?"

이처럼 자아를 깨닫는 것은 결코 쉽지 않다. 하지만 긴 안목으로 보면 진정한 자신이 되지 않는 것에는 훨씬 더 많은 위험이 따른다. 존재가 어두워지기 시작하는 초기 신호에 반응하지 않으면, 우리의 정신은 육체적 질병이나 숨겨진 자아를 회복하기 위한 지원과 도움이 필요하다는 사실을 깨우쳐주는 깊은 우울증에 빠지게 될지도 모른다.

예를 들어 어떤 사람들은 냉담한 직장, 불행한 결혼, 억압적인 가정에서 해방되려고 뛰쳐나오지만 결국 잠시 후에 원래 상태로 돌아가고 만다. 필연적으로 그들은 억압 상태가 변함없음을 발견한다. 그리고 그다음 시도는 훨씬 더 극단적일 가능성이 있다. 내면세계로 나아가기 위한 더 견고한 토대가 발견되기 전에는 이전의 보호적인 행동 양상으로 되돌아가기 쉽다.

그러나 우리는 언제나 지혜와 힘을 지니고 있다. 이것은 우리를 보호하는 그림자 세계를 만들기도 하고 빛으로 돌아가는 여행을 하도록 이끌기도 한다. 이것은 우리를 사랑해주고, 여행을 지속할 마음을 북돋아주고, 도움이 필요할 때 믿고 지원해줄 수 있는 사람들이 곁에 있도록 도와준다. 그렇지만 도와주는 사람들은 가족이나 직장 동료나 오랜 친구가 아닐지도 모른다. 오히려 이들에게는 참 자아를 숨겨야 할 때가 많다.

숨겨진 세계로부터 우리를 해방시켜줄 힘은 그림자 속의 우리들에게 있다. 우리가 생활하고 일하고 휴식하고 기도하는 장소와 다른 사람이 도움이 될 수 있지만, 보호 장치로부터 걸어나와야 하는 사람은 바로 숨어 있는 자기 자신이다.

참 자아에 이르는 과정은 흔히 새 친구, 새 흥밋거리, 건강한 식생활, 새 직업, 새 독서 성향, 새 실내 장식, 새 옷장처럼 외부 세계에서도 도전을 불러일으킨다. 이러한 모든 변화는 우리 내면의 변화를 반영하고 지원하고 강화할 수 있다. 어디에서 여행을 시작하든 자기 자신이 되려는 노력을 얼마나 자주 강하게 지속하느냐가 중요하다.

내면을 향한
여행 시작하기

그림자 자아는 참 자아의 모습과는 거리가 멀다. 참 자아의 표현에 대한 위협을 얼마나 자주, 얼마나 강하게, 얼마나 오랫동안 받았는지에 따라 그림자 자아는 참 자아의 모습을 교묘하게 가린다. 그림자 자아는 고정된 모습이 아니다. 위협이 존재하지 않을 때는 참 자아의 일부를 드러내기도 한다. 하지만 신성한 존재를 크게 무시당하는 경험을 하면 그림자 자아는 완고하고 융통성 없는 모습으로 바뀌는 경향이 있다.

너무 단순하게 들릴지도 모르겠지만, 우리 자신에게 진실해지는 것은 우리 자신을 무조건적으로 사랑함으로써 가능하다. 자아를 사랑하는 것과 자아를 표현할 자유가 중요하다는 사실을 모르는 사람은 거의 없다. 하지만 참 자아를 찾아가는 여행을 아주 위험한 것처럼 보이게 만드는 강력한 힘이 존재할 수 있다. 우리의 내면세계로 향하는 여행을 떠나기 위해서는 우리의 그림자 자아, 관계의 어두운 면, 생활하고 일하는 공간 등 다양한 요소를 고려해야 한다.

깊은 어둠 속에 숨겨져 있어 참 자아를 거의 또는 전혀 볼 수 없는 사람들이 빛의 세계로 나오려면 전문가의 도움이 필요하다. 그리고 도와주는 사람에게서 안전함과 안정감, 사랑받는 느낌을 얻는 것이 매우 중요하다. 만약 그러지 않는다면 한 걸음도 앞으로 나아갈 수 없을 것이다. 때때로 그들은 도와주는 사람에게 깊은 공포를 투사함으로써 자신의 부모나 자신을 무시했던 다른 사람으로 보기도 한다. 하지만 도와주는 사람이 무조건적인 사랑을 유지하고, 도움받는 사람의 투사를 비판하지 않는다면 천천히 빛을 향해 나아갈 것이다.

자아 바꾸기가 아닌 깨닫기

자아를 깨닫는 것은 우리 자신이나 행동의 어떤 측면을 바꾸는 게 아니다. 방어 행동은 건전하고 신성한 목적으로 개발되었기에 이런 행동을 제거하려 하는 것 자체가 그림자 행동이 된다. 그림자 자아는 변화의 대상이 아니다. 그동안 우리를 위해 어떤 역할을 감당해온 것이기 때문에 그것을 끌어안아야 한다. 우리의 과제는 그렇게 오랫동안 숨겨온 것을 깨닫고 표현하는 것이다. 바꾸지 않고 드러냄으로써 방어 행동은 자동적으로 줄어들고 결국 사라진다. 숨겨진 것을 드러내기 시작할 때 참 자아의 빛이 그림자의 세계로 들어와 느리지만 확실하게 어둠을 걷어낸다. 어둠을 만드는 것은 빛이고, 어둠을 몰아내는 것도 빛이다.

우리가 단단한 자존감과 충만한 존재감, 온전한 인간적 특성을 지니게 될 때 그림자 세계에 속하는 억압, 통제, 위축, 비하, 경멸, 거부, 폭력, 소극성, 두려움 같은 반응은 더 이상 우리의 행동 범주에 들어가지 못한다. 참 자아의 빛이 비추는 곳에서는 애정 어린 친절, 무조건적인 사랑, 공정함, 정의, 동정심, 이해, 자기주장, 신뢰, 안정감 등이 나타난다.

그림자 자아 끌어안기

내면을 향한 여행의 목적은 참 자아를 발견하는 것뿐 아니라 그림자 자아의 힘을 인정하는 것이다. 그림자 자아의 힘과 독창성을 인정하는 것 역시 그것을 끌어안기 위한 긴 여정이다. 그림자 자아는 친구이자 아군이다. 이것은 우리의 존재를 정당하게 긍정하지 않았던 세상에서 우리에게 많은 도움을 주었다. 그림자 자아는 우리의 존재에 추가로 가해질 공격으로부터 우리를 보호하고, 온전히 자신의 존재 속으로 들어가기 위해 감당해야 할 정확한 과제를 꾸준히 제시해왔다. 내면을 향한 여행은 사람마다 다르기 때문에 그 도전이 어떤 것이 될지는 각자가 결정한다.

여행의 첫 이정표 가운데 하나는 그림자 자아의 의식적인 면이 얼마나 많은 도움을 주었는지 스스로 헤아리는 것이다. 자신의 공격성, 우울, 불안, 수줍음, 소극성을 싫어하는 사람은 아직 여행을 떠날 준비가 되지 않은 사람이다. 그림자 자아를 끌어안게 되기까지는 친구, 배우자, 동료, 의료진, 상담사 등 외부의 지원이 필요할 수도 있다.

그림자 자아를 끌어안으려면 자신을 보호하기 위해 고안된 장치를 인정하고, 그동안 겪었던 모든 부정적인 경험을 참고 지켜보아야 한다. 한 걸음 더 나아가 우리가 그림자 속에 있을 때 다른 사람의 존재를 방해한 것에 책임을 지는 것도 필요하다. 자신을 비난할 필요는 없더라도 다른 사람의 신성한 존재를 존중할 수 없었던 데 대한 깊은 후회를 솔직히 드러낼 수는 있다. 이러한 솔직함은 관계의 균형을 잡아주고 남들에게 자기 삶의 경험에 진실해질 기회를 준다.

참 자아로부터 멀어지게 된 경로를 그려보는 것도 도움이 된다. 진정한 자신이 되는 데 도움을 주거나 방해가 되었던 사람과 경험, 문화적 배경을 나열해볼 수 있다. 이 모든 것이 운명적이거나 암울하기만 한 것은 아니다.

숨겨진 것을
끌어안기

모든 의식적인 그림자 행동의 이면에는 감히 표현하지 못하는 것이 숨겨져 있다. 자아를 깨닫기 위해서는 이 비밀의 세계로 들어가는 과정이 꼭 필요하다. 자신의 어떤 부분이 강제적으로 숨겨져야 했는지 발견하는 것은 각자의 몫이다. 나는 다음과 같은 숨겨진 문제들을 찾아냈다.

- 나 자신을 위해서 아무것도 요구하지 마라.
- 사랑을 구하지 마라.
- 나 자신의 특별한 신체 특징을 긍정하지 마라.
- 나 자신에 대해 생각하지 마라.
- 성적인 것을 드러내지 마라.
- 실패하지 마라.
- 나 자신만의 믿음을 갖지 마라.
- 너무 튀지 마라.
- 나를 필요로 하는 사람들에게 "아니요"라고 말하지 마라.

그리고 나 자신에게 부여한 그림자의 정체는 다음과 같았다.

- 보호자
- 구조자
- 외톨이
- 좋은 사람
- 매력 없는 사람

이러한 가면은 내가 자신에게 기대했던 것, 그리고 남들이 내게 기대했던 것과 반대되는 행동을 하지 않으려고 교묘하게 고안한 것이었다. 내가 감히 하지 못했던 반대 행동은 이런 것들이었다.

- 자기를 좋게 생각하기
- 내가 소중하다고 주장하기
- 도움과 지지를 요구하기
- 친밀감과 우정을 얻으려고 손 내밀기
- '좋은' 면만큼이나 나의 일부인 '나쁜' 생각과 느낌을 표현하기
- 나의 신체적 매력 표현하기

숨겨진 것을 열어보이기는 분명히 어렵다. 그게 쉬웠으면 이미 오래 전부터 참 자아로 살았을 것이다. 내면으로의 여행을 하려면 숨겨진 것을 드러내지 못하게 만드는 위협적인 환경과 사람이 무엇인지 알아내야 한다. 어쩌면 그 장애물은 우리가 여전히 의존하고 있으며 기대

에 부응하지 못할까봐 두려워하는 부모님일지도 모른다. 그렇다면 깊은 그림자 속에 있는 부모와의 연결을 끊기 위해 적절한 지원과 도움을 받는 것이 앞으로 나아가는 길이다. 자신을 받아들이는 것, 즉 진정한 나의 삶을 살기 위한 자기 승인은 참 자아를 표현하는 단계로 가는 징검다리다.

참 자아를 표현하는 것을 막는 장애물은 우리가 일하고 생활하고 기도하고 즐기는 문화일 수도 있다. 이런 경우에는 자신의 존엄성에 어울리는 문화를 발견하는 것이 중요하다. 이러한 문화는 우리의 존재에 어둠을 드리우는 사회 시스템으로부터 벗어날 수 있는 발판을 마련해준다.

타인에게 드리운 그림자 끌어안기

우리가 남들에게 드리운 그림자는 우리의 숨겨진 부분이 밖으로 투사된 것이다. 이것은 일종의 거울 역할을 하며 자신과 남들에게 진실해질 수 있는 기회를 제공한다. 타인을 함부로 판단하고 비난하는 이유는 자기 내면에 숨겨져 있다. 투사를 인정하는 것은 자아를 인식함과 더불어 다른 사람들의 독특하고 신성한 존재를 확인하는 과정의 시작이다.

우리가 남들에게 투사한 것의 어두운 실체를 보는 일은 두렵지만

판단	숨겨져 있을 만한 메시지
"넌 너무 이기적이야."	"나 자신을 책임질 필요가 있어."
"넌 항상 지각해."	"나 자신에게 시간을 주지 않았어."
"너는 비열한 놈이야."	"나 자신을 보살피지 않았어."
"넌 너무 아는 척을 해."	"내 교활함이 드러날까 두려워."
"너는 지나치게 남을 챙겨."	"다른 사람을 보살피는 게 두려워."
"넌 알코올 중독자야."	"관계에서 내가 더 필요한 것을 표현하기가 두려워."
"너는 나를 열 받게 해."	"진짜 필요한 것을 차마 표현하지 못하겠어."

| 타인을 향한 판단에 숨겨진 메시지 |

유익한 경험이다. 판단은 자아의 숨겨진 부분을 반영한다. 위의 표는 숨겨진 메시지를 담고 있는 판단의 사례다. 숨겨진 문제에 도전하다 보면 남을 판단하려는 어두운 성향이 자동적으로 줄어들 것이다. 진실의 빛은 투사의 어둠을 몰아낸다.

참 자아를 소유할 때,
우리는 자신을 다른 어느 누구와도 비교할 필요가 없다.

09

참 자아에 대한
깨달음

숨겨진 세계로
들어가기

그림자 행동을 이해하고 받아들이고 책임감을 가졌다면 자아를 깨닫는 내면 여행을 할 준비가 된 것이다. 자아 깨닫기의 초점은 차마 보지 못하는 면들, 즉 숨겨진 것에 맞추어야 한다. 이런 숨겨진 면에 접근하는 것은 그림자 행동과 그림자 인격을 알아내고, 드러나는 것의 반대편에 있는 숨겨진 것이 무엇인지 알 때 가능해진다. 이러한 과정은 다음과 같은 면을 포함한다.

- 자아를 늘 챙긴다.
- 자기와 남들에게 진실해진다.

- 자신과 타인을 긍정한다.
- 육체적, 성적, 정서적, 지적, 행위적, 사회적, 창의적, 영적인 모든 면에서 자기 존재를 깨닫는다.
- 내면의 목소리에 귀 기울인다.
- 자기 자신이 된다는 것이 가져다주는 풍요로움을 인식한다.
- 자기 존재를 어둡게 하는 사람들과 대면한다.
- 자기 존재를 어둡게 하는 문화와 접한다.
- 다른 사람의 그림자 행동과 거리를 두고 지낸다.
- 자아 깨닫기를 지지해줄 수 있는 것을 찾는다.

자아에 마음 쓰기

모든 사람은 독특한 존재를 지니고 있다. 마음을 쓴다는 것은 자기 자신의 존재와 타인의 진정한 존재와의 관계를 유지하는 것이다. 남에게 마음을 쓰는 것은 자신과 타인에게 애정 어린 친절을 베푸는 것이다. 자신에게 마음을 쓰는 것은 그림자 인격이 지니고 있는 이면을 보고 숨겨진 신성한 자아를 인정하는 것이다. 다른 사람에게도 똑같이 할 수 있다. 어디에서 누구와 함께하든 우리는 자신의 독특한 존재를 소유하고, 다른 사람들의 특별한 존재를 보살필 수 있다.

다음에 제시한 내용은 자아의 신성함에 대한 확인 연습으로 혼자서 조용히 읽거나 다른 사람에게 읽어달라고 하거나 아니면 자신의 목소리로 녹음해 사용할 수도 있다. 하루를 시작하는 아침이 연습하기 좋은 시간이고 하루 일과를 끝낼 때도 좋다. 특히 자신과의 관계가 단절되었다고 느낄 때, 자존감을 회복하기 위한 좋은 연습이 될 것이다.

나의 신성한 자아

- "나는 신성하다."
- "나는 직관적이다."
- "나는 측량할 수 없을 만큼 강하다."
- "나는 독특하다."
- "나는 재능이 있다."
- "나는 폭넓은 지성을 소유하고 있다."
- "나는 남과 다르다."
- "나는 사랑할 수 있다."
- "나는 사랑받을 수 있다."
- "나는 창의적이다."
- "나는 무한한 우주의 일부분이다."

내 안의 더 깊은 부분에서는 내가 어떤 사람인지 알고 있으며, 위와 같은 사실을 안다. 그러나 인생길을 걸어오는 동안 나의 독특한 빛은 일부 또는 전부가 숨겨져야 했다. 나의 지혜로운 자아는 그림자 자아의 어둠 속에서 존재의 소중한 빛을 지켜왔다. 그림자 자아는 나의 진정한 존재를 가리고 남들의 존재를 어둡게 하는 거짓 가면들이었다. 이제 나는 진정한 자신이 누구인지를 숨기지 않았다면 살아남을 수 없었다는 것을 안다. 나는 다른 사람들에게 의존하는 보호 장치를 내려놓을 준비가 되었다. 나는 나의 놀라운 자아를 깨닫고, 다른 사람들의 그림자 자아 뒤에 숨겨진 독특한 빛을 본다.

많은 목소리가 '나쁜' 충고를 해주고 삶을 고치라고 외친다. 그리고 나를 어둠에 가두는 힘이 존재한다. 하지만 나 자신과 내 곁의 사람들을 위해서 더 이상 그림자의 목소리에 귀를 기울일 수 없다. 광활한 참 자아의 내면으로 점점 더 깊이 들어가면서, 나를 안내하고 벗이 되어줄 내면의 목소리를 찾아 귀를 기울일 것이다. 인적이 드문 길로 계속 걸어갈 수 있도록 빛을 비추는 사람들의 지원과 동행을 구할 것이다.

여행길을 가는 동안, 나는 나의 신성함을 지켜온 놀라운 힘이 내 정신과 마음을 열어 내가 정말로 어떤 사람인지 충분히 깨닫고 표현할 수 있게 해준다는 사실을 알았다. 의존성, 공포, 판단, 회피, 소심함, 우울함, 수동성, 피해의식, 분노, 불안, 경쟁심은 더 이상 나의 친구가 될 수 없다. 자발성, 자유, 독립성, 호기심, 안정감, 신뢰, 활기, 배움의 열정, 공감, 동정심, 정열, 도전정신, 창의성, 자신과 타인에 대한 조건 없는 사랑, 직관, 진정성, 인내, 내면과 외부 세계에 대한 탐구심이 내가 세상에 존재하는 새롭고 강력한 방식이 될 것이다.

나와 남들의 존재를 어둡게 하는 사람과 문화를 맞닥뜨렸을 때 나는 어려운 결정을 해야 한다는 사실을 알고 있다. 어두운 사람들과 문화에 속할 필요가 없는데도 방어책으로 자신을 팔아넘길 때 결국 비참한 삶을 살게 되리라는 것도. 이렇게 순응하게 되면 나 자신뿐 아니라 다른 이의 친구도 되지 못한다. 나는 다른 무엇이 아닌 나 자신에게 속하고, 남들이 변화되기를 기다리지 않으며, 진정한 내가 되어야 할 신성한 책임을 가졌다.

나의 소망은 내 신성한 자아의 빛이 퍼져나가 어둠 속에 있는 문화와 사람의 마음을 움직이는 것이다. 나는 나 자신의 삶을 구원할 수 있을 뿐이지만, 다른 이들도 마찬가지로 그렇게 할 수 있는 막강한 힘을 지니고 있음을 안다. 내가 그림자 자아로부터 해방될 때 내 존재가 다른 사람들이 해방되는 것을 도울 수 있음을 안다.

나는 내 존재의 독특성, 경이로움, 신성함, 영광을 나타내기 위해 태어났다. 나는 이 모든 말들이 내가 정말로 어떤 사람인지를 꾸며내지 않고 반영한다는 사실을 알고 있다. 이것은 나의 재탄생이자 나의 신성한 자아를 깨닫는 일의 시작이다.

자신과 타인에게 진실하기

자아의 기쁨은 지속적인 행복에서 생기는 것이 아니다. 그것은 자아의 안팎에서 일어나는 일들을 접하는 가운데 생겨난다. 고통은 대부분 우리 자신을 가혹하게 대하거나 특정한 감정을 부정할 때 생겨난다. 우리가 이런 모든 경험을 우호적으로 다루고 기쁨과 고통이 발생한 이유와 목적을 수용하는 입장에서 정직하게 행동한다면 성숙한 진보를 이룰 수 있다. 가령 질투심을 느낄 때 그것을 부정하지 않고 기꺼이 받아들이면, 자신의 신성한 존재를 소중히 여기지 않고 있음을 깨닫고 참자아를 되찾는 도전에 직면하게 된다. 참 자아를 소유한 사람은 자신을 다른 어느 누구와도 비교할 필요가 없다.

다른 사람들이 방어적인 감정이나 생각, 활동 등을 경험할 때 우리는 그들에게 일어나고 있는 일을 인정할 뿐 아니라, 그들의 행동에 대한 반응으로 우리에게 일어나고 있는 일을 알려줄 수 있다. 이러한 행동은 애정 어린 친절을 베푸는 것에 해당된다. 예를 들어 한 친구가 공격적이라면 우리는 "이 문제에 네가 고집이 있다는 건 받아들이겠어. 하지만 나는 위협당하는 느낌이 들고 너한테 솔직히 대답하기가, 아니, 네 앞에 있기조차 부담스러워"라고 말할 수 있다. 만약 이런 반응을 보였는데도 공격성을 줄이지 못한다면 그 위협적인 상황을 벗어나야 할지도 모른다.

어떤 사람이 치명적인 병에 걸려 공포감을 표현할 때도 우리는 열심히 귀를 기울이고 드러난 상황을 인정할 수 있다. 만약 우리가 듣고 있는 말 때문에 무력감을 느낀다면 그것도 시인할 수 있다. 이러한 진실함은 상대방에게 자신에게 일어나고 있는 일 속으로 더 깊이 들어가도 괜찮다고 느끼도록 해준다.

자신과 타인을
긍정하기

긍정한다는 것은 자기 자신이나 남들에게 표현하지 못한 자신의 일부를 인정하는 것이다. 긍정은 행동과는 전혀 관련이 없고 전적으로 사람과 관련 있다. 다음에 몇 가지 긍정의 사례들을 제시했다. 하지만 나 자신에 대한 진실을 표현하는 자신만의 언어를 발견하는 것이 더 중요하다. 강하게 공감하는 몇 가지 핵심적인 긍정의 말을 준비하고, 위기의 순간뿐만 아니라 일상생활 속에서도 규칙적으로 사용하면 효과를 볼 수 있다.

자존감을 일으키는 긍정의 말

"나는 나와 남을 조건 없이 사랑하고 사랑받는다."

"나는 내 내면의 목소리를 따라 살기로 결심했다."

"나는 독특하고 신성하고 특별하다."

"나는 나 자신에게 진실할 것이다."

"나는 나의 존엄성에 어울리는 행동만 할 것이다."

"나는 어떤 관계에서든 나와 타인의 욕구를 존중하며 소중히 여기고 그에 따라 행동할 것이다."

"나는 생각, 느낌, 꿈, 행동에 전적으로 책임지고, 다른 사람들에게도 전적인 책임을 지도록 허용할 것이다."

자신의 존재
깨닫기

존재를 깨닫는다는 것은 개성을 가진 인간으로서 발전 가능성과 능력을 발견하는 것이다. 어떤 사람이나 사회 체제도 우리의 존재를 경시하거나 배제하거나 추방할 수 없다. 우리는 자신의 존재를 표현하는 면에서 육체적, 성적, 정서적, 지적, 행동적, 사회적, 창의적, 영적인 모든 방법을 동원해야 한다. '있는 그대로의 나'와 접촉하는 일은 마음이나 자신의 무한한 능력을 보고 인정하고 표현하도록 허용함으로써 가능하다. 이것은 일차적으로 행동이 아닌 존재와 관련된다. 내 안에 항상 있었던 빛을 수면 위로 떠오르게 하고 애정 어린 친절과 기쁨으로 맞이하는 것이다. 자기 존재를 깨달을 수 있는 사람은 자신뿐이다. 참 자아로 존재하려는 자신의 노력이 없다면 내면으로의 여행을 도와주는 남들의 노력도 아무런 소용이 없다. 다른 사람들이 인적이 드문 길을 계속 가는 과정에 도움을 줄 수는 있겠지만, 오직 자기 자신만이 문을 열고 스스로에 대한 믿음과 지원을 받아들일 수 있다.

세상에 똑같은 사람은 없다. 따라서 자아의 온갖 다양한 측면을 표현하는 방식도 절대 같을 수 없다. 순응하라는 막강한 압력에도 불구하고 사회의 구성원들은 다른 모든 사람과 달라지는 방법을 제각기 찾아낸다. 다름은 각자의 독특함을 드러내는 표현 방법이다. 다름을 존중받을 때 사람들은 자신을 드러내기 위해 고통스럽고 파괴적인 행동을 하는 극단으로 치닫지 않는다.

성인인 우리는 더 이상 남에게 의존할 필요가 없으며, 가능한 모든 통로로 자신의 다름을 표현할 수 있다. 중요한 것은 이러한 표현이 안에서 밖으로 나온다는 것이다. 우리는 지금까지 어떤 모습이 되어야 하는지에 대한 힌트를 남들로부터 얻었다. 그것은 우리를 통제하고 업신여기는 사람들과 사회 체제로부터 살아남기 위해서였다. 내담자들 중 한 명은 간단명료한 말로 이러한 상황을 표현했다.

"나는 지금까지 다른 사람들의 피부로 살았어요. 이제 내 피부로 사는 법을 배울 때가 된 것 같아요."

내면으로부터 자신을 표현할 때 우리의 존재가 지닌 다양한 측면은 차분하지만 뚜렷하게 드러난다. 자신을 남들에게 입증하거나 자신의 어떤 면을 이해시키려는 충동은 조금도 일어나지 않는다. 자신의 신성함을 납득시키고 싶은 유일한 사람은 바로 자기 자신이다. 우리는 의사소통이 남들을 이해시키는 것이 아니라 바로 자신을 이해시키는 것임을 알게 된다.

신체적 존재의
진실

세상에 똑같은 몸은 없다. 우리의 몸은 특별한 인간성의 표현이다. 우리의 몸은 독특하고 아름다우며 언제나 정확하다. 모든 고통, 통증,

불쾌한 증상 역시 육체적 건강, 에너지, 평안과 마찬가지로 언제나 정확하다. 몸은 우리의 소중한 아군이다. 몸은 우리의 진정한 존재가 얼마나 많이 숨겨지거나 드러나는지를 계속해서 알려준다.

우리 몸이 전하는 메시지에 귀를 기울이고 응답할 때 우리는 자아를 깨닫는 길을 제대로 가고 있는 것이다. 요통, 두통, 비만, 체중 미달, 위통, 가슴앓이, 질병은 전부 그림자 자아의 표현이다. 신체 증상을 외면하지 않고 깊은 애정을 갖고 반응할 때 자동적으로 우리의 존재를 건드리게 된다. 더 나아가 사회 안에 존재하는 무관심을 인정하고 때때로 요구되는 어려운 결정을 할 때, 우리의 참모습이 드러난다. 사회적 무관심에 직면해 우리를 자신의 빛으로 돌려보내는 것은 사랑의 행동이다.

과거의 무시당한 경험과 다른 사람들이 내 몸에 붙여준 이름표, 자신이 달아 놓은 꼬리표, 매일 자기 몸을 무시하는 습관(서두름, 허겁지겁 뛰어가기, 식사 거르기, 과식, 휴식 부족 등)의 목록을 만들어보는 것도 좋다. 모든 그림자 행동은 그와 반대로 행동할 기회를 제공한다. 그럼으로써 우리는 애정 어린 친절로 우리 몸을 대할 수 있다.

신체적 독특성과 정확성을 반영하는 조용하고 진심어린 연습은 자아를 깨닫는 데 도움이 될 수 있다.

"내 몸은 특별해."
"세상에 나와 똑같은 물리적 존재는 없어."

"나는 내 몸을 사랑하고 보살피기를 원해."

"내 몸은 항상 정확해."

"내 몸은 아군이야."

"내 몸은 신성해."

"나는 내 몸이 제공하는 즐거움을 누리고 싶어."

자신의 에너지를 느끼고 몸의 지지력을 느껴보라. 몸의 긴장을 풀어 이완하고 심호흡하라. 일정하고 편안한 리듬에 주목하라. 양팔과 가슴에서 힘을 느끼고 발을 안정적으로 내디뎌라. 편안함, 음식, 물, 휴식, 운동, 잠을 요구하는 몸의 목소리에 귀를 기울여라. 언제나 다정한 친절로 몸을 대하라. 규칙적이고 적당한 운동, 깊은 이완 훈련, 심호흡, 건강한 다이어트와 균형 잡힌 생활양식은 우리의 신체적 존재에 생기를 더해준다.

성적 존재의
진실

성은 에너지의 근원으로서 꼭 성적 활동과 연결되는 것은 아니다. 그 것은 우리 안의 마르지 않는 샘으로 몸속의 영적, 정서적 근원이다. 그 러나 성에 대한 부정은 그림자 세계를 만들었고 개인은 성적 욕구를 충족시킬 방어적 방법들을 고안해야 했다. 성적 표현의 그림자 세계에서 성적 존재는 사라진다. 성폭행이나 원치 않는 성관계는 성적 존재를 감추게 하거나 완전히 억누르거나 무가치한 것으로 만든다.

성은 자아를 깨닫는 데 중요하다. 성에 대해 터놓고 이야기하려면 거대한 문화적 장벽에 부딪히는데, 이 침묵의 장벽을 무너뜨리는 것이 성적 존재를 깨닫기 위한 첫 단계이다.

몸을 사랑하고 보살피는 것은 성적 존재를 깨닫는 기초가 된다. 몸을 보살피려면 건강과 즐거움을 위한 규칙적인 운동, 심호흡, 스트레칭, 건강한 식단, 위생, 충분한 목욕, 건강과 성에 관한 올바른 지식의 습득 등이 필요하다. 다른 사람과 성을 나눌 때는 자신이 원하는 것을 요구하고 친밀감을 즐긴다. 성적 행위를 원치 않을 때는 "아니요"라고 말하고 자신에게 즐거움을 주는 것을 요구하며 필요하거나 즐거울 때는 표현을 한다. 성적 존재를 깨달으려면 남자나 여자를 조롱하고 성의 신성함을 훼손하며 성적 취약성을 이용하는 언어적 또는 비언어적 행동을 거부해야 한다.

모든 사람은 각자 독특한 개인사를 가지고 있다. 따라서 성의 측면에서 감추어져 있는 것들도 사람마다 다르다. 각자 자신의 성을 다루는 방어적 방법의 목록을 작성해서 그 방법들이 얼마나 도움이 되었는지 살펴보라. 그러고 나서 그림자 행동에 대해 지금까지 차마 표현하거나 행동하지 못한 것들을 기록하라. 이런 훈련이 어렵거나 위협적이라고 생각되면 정서적으로 안정감을 느낄 수 있는 사람을 찾아서 함께 연습하라. 숨겨진 것을 표현하는 과정에서는 가장 안전한 것에서부터

보호 장치	차마 표현하지 못하는 것
"내 몸이 싫어."	"내 몸은 독특하게 아름다워."
"성행위는 불결해."	"성은 멋진 거야."
모르는 체함.	"나는 내 몸을 즐길 권리가 있어."
"아무도 내게 성적 매력을 느끼지 못할 거야."	"나는 성적으로 충분히 매력적이야."
"내 음경은 너무 작아."	"성은 있는 그대로 느끼는 것이지."

| 성적 그림자에 담긴 메시지 |

시작해서 가장 두려운 것으로 단계적으로 나아가는 것이 좋다. 성적 존재를 깨닫기 위해서는 각 단계마다 인내심이 필요하다. 다음과 같은 긍정적인 말들로 예행연습을 하면 도움이 될 것이다.

"내 몸은 신성해."
"나랑 똑같이 생긴 사람은 아무도 없어."
"나에게는 독특한 아름다움이 있어."
"성적 존재와 성적 행위는 신이 주신 근사한 선물이야."
"나는 내 몸을 사랑하고 귀하게 생각해."
"성은 대단해."
"내 몸은 지혜로워."

성적 존재를 깨닫는 과정에서 몸이 자신에게 나타내는 것을 깨달음으로써 몸을 소중히 여길 수 있다. 더불어 자기 존재의 깊은 부분에서 우러나오는 지혜를 부정하는 일도 사라진다.

정서적 존재의
진실

모든 감정은 적극적이다. 감정 때문에 기쁨과 황홀감의 정상에 도달할 수도 있고 절망의 구렁텅이로 떨어질 수도 있다. 안정감은 우리를 평안과 친밀감과 의욕과 충만함의 영역으로 데려다준다. 위기감은 진정한 자신이 되는 것의 위험성을 날카롭게 경고한다. 모든 감정은 신성한 기능을 가지므로 있는 그대로 받아들이고 표현할 만한 가치가 충분하다.

사랑을 주고받는 것은 모든 사람의 가장 깊은 정서적 욕구이다. 자기애는 다른 사람과 사랑을 주고받는 데 핵심요소다. 우리가 자신과 남들로부터 사랑받을 만한 가치가 있는 존재임을 받아들이는 것은 정서적 존재를 깨닫는 데 매우 중요하다.

그러나 많은 사람들이 스스로 사랑받을 가치가 있다고 여긴다는 사실을 숨긴다. 어떤 이들의 숨겨진 과제는 자신을 사랑을 줄 만한 존재로 여기는 것이다. 우리는 사랑을 주고받을 수 있을 때에만 자신의 가치를 마음껏 표현할 수 있다.

가치, 친절, 동정심, 낙천성, 기쁨의 자발적 표현은 정서를 풍요롭게 한다. 사랑을 포함한 행복한 감정은 무조건적으로 표현되어야 하고 조건적이거나 조작된 표현은 배제되어야 한다. 누군가의 조작된 표현을 접하는 사람들은 그 은밀한 동기를 감지하는 순간 마음의 문을 굳게 닫아버릴 것이다.

남성과 여성 모두가 경험을 통해 특정한 위기감을 숨기게 된다. 모든 남녀가 그런 것은 아니지만, 많은 여성들이 화, 적의, 비통함, 분노의 감정을 숨기고 싶어 하는 경향이 있다. 반면에 남성은 두려움, 불안, 취약함, 우울감, 위협감을 감추려 드는 경향이 있다. 남성이든 여성이든 온전히 살아 있음을 느끼려면 자신이 금기시하는 감정을 정직하게 인정하고 표현해야 한다.

반드시 기억해야 할 사실은 우리의 정서적 표현이 자신이나 타인의 존재에 위협을 주지 않는다는 것이다. 우리는 자신의 진실한 감정을 소유하고 스스로 주체가 되어 '나의 메시지'로 감정을 표현함으로써 자신의 느낌에 대해 책임을 지고 있음을 보여줄 수 있다. 이러한 정서적 표현은 타인에게 위협이 되지 않는다. 만약 이러한 메시지가 위협이 된다면 그것은 상대방이 아직 우리의 솔직함을 받아들일 준비가 되지 않은 것이다. '나의 메시지'의 예로 "나는 너를 사랑해", "너는 나한테 특별해", "나는 네가 전화하지 않으면 걱정이 돼", "네가 소리를 지르기 시작하면 겁이 나"라는 말들이 있다. 다음은 정서적 표현을 도와줄 긍정적인 말들이다.

"나는 나 자신과 타인을 조건 없이 사랑할 거야."

"모든 감정은 적극적이야."

"내 내면의 정서에 귀를 기울이는 것은 나의 행복을 위해 꼭 필요해."

"나는 감정을 표현할 때 나 자신과 타인에게 진실할 거야."

"위기의 감정은 나 자신이 진실해지도록 도와줄 거야."

"위기의 감정은 나의 아군으로서 나와 타인을 보살피도록 경고해줄 거야."

"감정은 절대로 거짓말하지 않아."

지적 존재의 진실

우리에게는 세상을 이해하고 살아가는 데 충분한 지적 능력이 있다. 그럼에도 많은 사람들에게 '둔하다', '열등하다', '평범하다' 같은 이름표가 붙여진다. 하지만 이러한 이름표는 그것을 붙인 사람의 지적 취약성을 반영하는 것뿐이다. 어떤 지식 분야에서 약점을 가질 수는 있다. 이것은 누구에게나 해당하는 이야기이다. 그러나 지식과 지혜는 다르다. 지혜는 잠재된 것이고 지식은 얻어진 것이다. 인생은 짧기 때문에 각 사람이 탐험할 수 있는 지식 영역은 제한될 수밖에 없다. 그러나 그것은 놀라운 모험이다.

중요한 것은 배울 수 있는지 여부가 아니다. 배우려는 동기와 배우는 데 필요한 노력을 기울일 수 있는지가 핵심이다. 배우려는 동기를 잃어버렸다면, 과거의 어떤 경험이 호기심과 배움의 열망에 대한 자연스러운 표출을 방해하고 있는 것이다. 자신에게 붙은 이름표, 그리고 지적 능력과 재능을 숨기는 보호 장치를 살펴보면 그 경험이 무엇인지 알아내는 데 도움이 된다. 지적 존재의 진실은 다른 사람과 스스로가 붙인 모든 이름표와 반대되는 모습이다.

듣기, 읽기, 탐구하기, 고안하기, 개발하기, 상상하기, 꿈꾸기, 사색하기, 기억하기, 조사하기, 창조적인 비평, 쓰고 작곡하는 작업 등은 모두 지적 존재로 향하는 길이다. 교과 과정을 이수하는 것도 지적 잠재력을 실현하기 위한 또 하나의 방법이다. 아래와 같이 지적 능력과 고유한 재능을 반영하는 긍정적인 말들이 자아의 지적 실현에 도움을 줄 수 있다.

"나에게는 무한한 지적 잠재력이 있어."
"나에게는 세상을 이해하고 통제할 능력이 있어."
"나는 고유한 재능을 가졌어."
"나와 똑같은 시선으로 세상을 보는 사람은 아무도 없어."
"나는 나와 남들의 보호 행동과 참된 행동을 분별하고 이해할 수 있어."
"나에게는 나와 다른 사람들, 그리고 세상에 대해 더 많이 배울 능력이 있어."
"내 생각들은 모두 의미 있어."

"배움은 모험이지."

행위적 존재의
진실

행동은 우리가 자신과 다른 사람들 그리고 세상을 어떻게 받아들이고 있는지 나타낸다. 일반적으로 우리가 소유한 지식과 기술에는 삶에서 중요한 사람들과 주변 문화가 우리에게 가지는 기대감이 반영되어 있다. 우리의 행동 범위가 더욱 넓어질수록 위험을 무릅쓰고 삶을 책임질 용기가 생기며, 두려움에서 벗어날 수 있다.

우리는 더 이상 어두운 문화나 사람에게 매어 있어서는 안 된다. 스스로를 자유롭게 하려는 시도를 통해, 우리가 관심을 갖는 분야에서 자유로운 행동과 기술을 개발하는 기반을 만들어야 한다. 또한 그러한 행동을 현실에서 드러내지 못하게 하는 것이 무엇인지 알아내야 한다. 우리가 할 수 없는 것은 없고, 해서는 안 될 행동도 없다.

실패와 성공은 더 깊은 배움을 향한 디딤돌이다. 그리고 우리는 누구에게든, 어떤 문화에 대해서든 자신을 증명하려고 애쓸 필요가 없다. 새롭게 발견한 자유와 자발성, 모험 정신을 가지고 사회 체제나 다른 사람들에게 방해받지 말고 도리어 그들의 성숙한 진보를 위해 도움을 주어야 한다. 자신과 다른 사람의 가치가 무시당하는 것을 방치하지 말고 모든 권리를 강하게 주장해야 한다.

모든 행동은 의미가 있다. 우리는 나와 다른 사람의 존재를 어둡게 하는 행동을 판단하고 비난하는 대신 숨겨진 것을 인식하는 계기로 삼아야 한다. 행위적 잠재력을 일깨워 주는 긍정적인 말은 다음과 같다.

"내 행동은 항상 합당해."

"나는 세상을 탐험할 지식과 기술을 개발할 수 있는 잠재력을 가졌어."

"모든 배움의 과정에서 마주칠 수밖에 없는 성공과 실패를 받아들이자."

"실패에 대한 공포와 성공에 대한 집착은 나의 가장 큰 걸림돌이야."

"내 행동은 탐험의 수단일 뿐이며 나의 가치를 재는 척도가 될 수 없어."

"인생의 모험을 받아들이자."

"나는 존재와 행위의 균형을 유지할 거야."

때로는 아무것도 하지 않는 것이 가장 중요한 행동이 될 때가 있다. 나 자신을 증명하기 위해 아무것도 할 필요가 없다는 깨달음은 강력하고 창의적이다. 그러나 대부분의 사람들은 그렇게 하지 못한다. 행위와 소유가 성숙과 존재 그리고 영성의 장애물이 될 때가 있다. 우리는 인정받기 위해 기울였던 모든 노력들로부터 스스로를 풀어줌으로써 엄청난 잠재력을 발휘할 수 있다.

사회적 존재의
진실

자기 존재가 비참하게 여겨지고 위축되고 과소평가되고 거부당하고 무시되는 경험을 겪어보지 않은 사람은 거의 없다. 익명성 뒤에 숨는 것, 사회적인 열등감, 사회 공포증 등은 이러한 어두운 경험으로 만들어진 보호 장치이다. 우리는 사회적 존재를 인식하는 과정을 거쳐 독립성을 발견하고 스스로에게 의지하며, 마침내 모든 사회적 사건에 자기 존재를 온전히 투입할 수 있다.

누구와 함께하든, 어떤 사회 체제에 속해 있든, 나는 나다. 어마어마하고 강력한 존재를 깨닫는 것도 나 자신이다. 어떤 사회적 상황에 처하기 전에, 그 상황에 처하게 될 때, 그 상황 가운데 있을 때, 그리고 그 상황에서 벗어난 후에 자기의 특별한 존재를 조용히 긍정하라. 누구든 자기의 존재를 그림자를 드리우려고 할 때는 스스로의 가치를 주장하고, 만약 효과가 없을 때는 존엄성을 지키는 데 필요한 행동을 취해야 한다.

우리는 자신의 존엄성을 지킬 수 있을 만한 사회적 상황에 머물러야 한다. 존재에 대한 충격이 어떤 식으로, 얼마나 자주, 얼마나 강하게, 얼마나 오래 지속되었는가는 우리가 견디기 힘든 상황을 직면할 것인지 결정하는 데 중대한 영향을 미치기 때문이다. 또한 다른 사람에게 받아들여지기 위해 또는 어두운 문화에 속하기 위해 자기의 존재를 소홀히 여기거나 존엄성을 희석시키지 않는 것도 매우 중요하다.

고유한 사회적 존재에 다가가는 데 도움이 될 수 있는 긍정적인 말들은 다음과 같다.

> "나는 특별해."
> "남과 다른 점이 나를 다른 모든 사람들과 구별 짓지."
> "내가 원하는 것은 내 고유한 본성에 머무는 거야."
> "나는 내 존엄성에 맞는 것만 받아들일 거야."
> "개개인의 고유한 세계를 비교하는 것은 무의미해."

창의적 존재의 진실

존재에 대한 공격으로부터 자신을 지키는 데 창의성과 재능을 쓰는 것은 개인과 사회 모두에게 손해다. 그러므로 방어적인 특성을 갖고 있는 사회 체제는 개인이나 사회 모두에 이익이 되지 않는다. 그것은 불행한 진실이다. 하지만 개인과 사회적인 문화가 항상 대립하는 것은 아니다.

모든 사람은 개별적이고 창의적이며 다른 사람들의 빛을 위협하지 않는 방식으로 개성적인 삶을 살기 위해 존재한다. 개인성, 차별성, 창의성은 그림자 안에 있는 사람들과 문화에 위협이 될 수 있다. 그러나 자아를 인식하려면 더 이상 자기를 숨겨서는 안 된다. 이런 자세는 누구에게도 도움되지 않는다.

개성과 창의성을 기르고 지지하는 것은 결국 개인과 사회의 진보에 도움을 준다. 획일성의 물결을 거슬러 올라갈 때, 우리는 비슷한 생각을 가진 사람들로부터 지지와 격려를 받을 필요가 있다. 그리고 개인성과 창의성을 존중하며 활기를 북돋아주는 사람들과 하부 문화를 찾아봐야 한다. 그러나 창의적인 자아 표현이 지지를 받든 그렇지 않든 간에 원하는 방식의 삶을 살고자 하는 권리를 주장하는 것은 자신의 몫이다. 다음은 고유성, 개인성, 창의성을 상기시켜 주는 데 도움이 되는 긍정적인 말들이다.

"나는 나만의 삶을 살기 위해 여기에 존재해."
"나와 같은 방식으로 세상을 경험하는 사람은 아무도 없어."
"순응성에 대한 저항은 지금부터 내 삶의 특징이 될 거야."
"내 그림자 세계가 창조적이라는 사실은 인정하지만 이제는 나의 빛을 표현하기 위해 내 창의성을 사용할 거야."
"내 삶은 창조적 모험이 될 거야."

영적 존재의 진실

영적 존재를 깨닫는 것은 참 자아의 모든 면을 최고조로 표현하는 것이다. 그리고 우리가 어둠으로부터 신성한 자아를 얼마나 강력하게 보호하고 있는가를 드러내기도 한다. 자기의 가치와 고유함을 느끼고 자기 몸과 마음의 지혜를 발견할 때, 존재의 빛을 경험할 수 있다. 빛 속에 사는 것은 자기와 다른 사람들을 향해 사랑과 따뜻한 친절을 베푸는 것이다. 이것은 기본적으로 자신의 영적 존재를 인식하며 매일 매일의 행동에 몰입하는 마음을 통해 이루어진다. 은둔과 성찰 또한 영적 존재를 인식하는 데 있어 필요하다. 그렇다고 일상생활을 모두 중단하고 수도원에서 은둔할 필요는 없다. 다만 하루 동안의 행동과 마음을 차지하고 있던 생각, 가슴에서 느끼는 감정 그리고 잠자면서 꾸는 꿈에 대해 깊이 생각할 수 있는 조용한 시간과 공간이 필요하다. 매일의 생각과 꿈을 기록하는 것도 자아를 깨닫는 데 큰 도움이 된다. 영적 존재를 인식하려면 시간과 관심, 성찰, 규칙적인 활동 그리고 헌신이 필요하다.

영성은 초월에 관한 것이기도 하고, 때로는 자기 빛의 충만함을 경험함으로써 너그러운 평화와 만물 간의 내적인 소통을 경험하는 일이기도 한다. 이러한 초감각적인 경험은 자신과 타인, 다른 생명체 그리고 환경에 대한 깊은 애정을 길러준다. 집 근처 공원이나 풍경이 좋은 장소를 찾고, 영감을 주는 음악과 그림을 감상하며, 자신을 고양시키는 영적 가르침을 담은 책을 읽는 것들도 영적 존재를 인식하는 데 도움이 된다.

영성은 영혼, 신의 존재, 불멸성, 인생의 의미, 선과 악의 본질 같은 본원적이고 심각한 질문과 관련될 수도 있다. 이 책에서도 이런 문제를 조금 다루고 있긴 하지만 나는 무엇보다 자아를 깨닫는 것이야말로 모든 영성의 기초가 된다고 믿는다.

내면의 목소리에
귀 기울이기

우리의 영혼은 우리의 가치, 신성함, 재능을 알고 있다. 그리고 빛을 가리는 것은 무엇이고, 자아를 실현하는 데 도움이 되는 것은 무엇인지 알려주기 위해 애쓰고 있다. 직관은 바로 이러한 지혜의 목소리로서 모든 지식에 앞서 처음부터 존재해온 것이다. 직관이란 감각적 지각을 넘어서는 정보들을 처리하는 지혜이다.

직관은 위험을 예고하는 예감, 본능적인 반응, 어떤 사람이나 일 또는 책에 대한 매혹 등에서 드러나기도 한다. 이것은 전에는 시도된 적이 없는 새로운 생각이 적용될 수 있는 감각이며 어떤 의문에 대해 갑작스러운 해답을 주기도 한다. 이것은 혼란의 어둠을 뚫고 비치는 빛이기도 하다.

마음을 단련할 때와 같은 방식으로 직관을 개발하고 이용하는 방법을 익힐 수 있다. 직관을 기르는 한 가지 중요한 방법은 하루를 끝낼 무렵, 정서적 갈등을 해소하는 습관을 들이는 것이다. 그래서 분노, 슬픔, 괴로움 또는 다른 사람들의 정서적 문제로 인한 우울함 등을 품은 채 잠자리에 들지 않는 것이다. 깊은 이완과 명상도 직관을 개발하는 데 도움이 된다. 직관이 하는 이야기에 기꺼이 귀를 기울이고 그에 따라 행동할 필요가 있다.

직관은 삶에서 일어나는 모든 일에는 이유가 있다는 인식을 바탕으로 한다. 사람들이 직관으로 얻는 것은 햇빛이나 맑은 공기처럼 우리들의 평안과 성장에 필수적이다. 직관을 통해 얻는 답은 어떤 것을 선호하는가, 두려움은 어떤 영향을 미치는가 하는 문제와 관련이 있다. 예를 들면 부모는 진심으로 자녀의 행복을 원한다고 직관적으로 이해한다. 하지만 자녀를 위해 아이들에게 매를 드는 것은 잘못된 직관이다. 그것은 자녀를 통제하려는 욕구를 드러내는 것이며 타인에게 양육이 서툰 것처럼 보이지 않으려는 의도가 숨겨진 것이다.

내면세계에는 한계가 없다. 내 안의 신성한 자아에 접근하는 데 도움이 되는 목소리, 즉 음악, 자연, 시, 미술, 조각, 명상, 침묵, 자세, 춤, 은유, 꿈, 환상, 생각, 행동, 운동, 교제 등을 활용해야 한다. 참 자아의 드넓은 세계와 더욱 많이 접촉할수록 자신이 속한 문화에 더 많은 지혜, 사랑, 동정심, 창의성, 지성, 생산성을 공유할 수 있다.

나 자신을 이해시키기

진정한 나에게로 돌아가는 길에는 인적이 드물다. 자신의 빛을 인식하고 두려움, 의존성, 경쟁심, 스트레스, 망상, 우울 같은 그림자로부터 자신을 분리시키는 길이기 때문이다. 사람들로 붐비는 길은 진정한 나로부터 멀리 떨어진, 어두운 방랑의 길이다. 존재의 빛을 감추고 다른 사람들의 고유한 존재를 방해하는 그런 길이다.

우리의 존재에 그림자를 드리우는 사람들과 만날 때는 먼저 자신의 행동을 객관적으로 볼 수 있어야 한다. 우리는 자신의 신성한 삶에 책임을 질 수 있을 때만 다른 사람들을 대면할 수 있다.

사람들을 대면한다는 것은 다른 사람들을 비난하는 것도, 통제하거나 변화시키는 것도 아니다. 그것은 자기 존재를 위협하거나 축소시키는 사람의 행동에 대해 자신이 보이는 반응과 관련된다. 어둠으로부터 벗어나기 위한 여행을 시작할 때, 그늘진 길로 되돌아가도록 유혹하는 많은 사람들을 만난다. 연인, 배우자, 친구, 부모, 자녀, 전문가, 동료, 성직자 등 누구라도 우리의 여정을 방해할 수 있다. 그들의 반응은 그림자 자아를 반영한다. 우리의 태도와 행동의 변화는 그들의 요새를 위협한다. 판단하거나 위협적으로 대응하는 것은 도움이 되지 않으며, 상황을 악화시키고 그림자 행동을 하게 되는 상황으로 우리를 몰아넣는다. 상대방이 우리의 노력을 비웃더라도, 명상, 인성 개발 과정, 영성에 관한 독서, 스스로의 결단 등을 통해 가던 길에서 벗어나지 말고 긍정적인 행동을 계속해나가야 한다.

이해시켜야 하는 것은 상대방이 아니라 바로 자기 자신이다. 상대방이 합리적이고 의견을 존중하는 대화를 할 수 있을 정도로 개방되어 있다면, 상대방이 의심하고 불안해하는 것에 대해 안심시켜야 한다. 단, 타인이 불안해하는 것을 책임질 필요는 없다. 타인의 의견을 수용하고 그의 감정을 배려해야 하지만, 내적으로는 자신에 대해 진실한 태도를 유지해야 한다.

상대방이 우리를 통제하려고 할 때 신체적, 언어적으로 공격적인 성향을 띨 수 있다. 이럴 때는 자유를 지키기 위해 더욱 강력한 행동을 취할 필요가 있다. 여기에는 공격 행위를 묵인하지 않는 것, 다른 사람의 도움을 구하는 것, 인간관계의 안팎에서 여유를 갖는 것, 합법적인 조치 등이 포함된다. 이러한 대응은 상대방의 방어적인 태도를 변화시키는 데 목적이 있는 것이 아니다. 다만 진정한 나를 지향하는 강력한 행동이다. 그리고 이러한 행동으로 상대방이 인적이 드문 길을 향해 갈 수 있는 계기를 만들 수도 있다.

때로는 가족, 직장 동료들, 종교 공동체, 또래 집단이 우리의 여정을 방해할 수 있다. 그럼에도 불구하고 독립적인 삶을 사는 데 위협이 되는 모든 것에 맞서는 소수의 사람들이 존재한다. 그들의 부모는 "유산을 물려주지 않겠다"라든가 심지어 "따르지 않으면 의절하겠다"는 식의 위협을 한다. 이 사람들은 가족 밖에서 여행을 지원해줄 수 있는 세력을 발견한다. 결국 가족들은 이들이 진정한 자신으로 살아가는 것을 받아들이고 존중하게 될 것이다.

그늘진 문화로부터
벗어나는 결단

학교, 직장, 공동체, 교회, 국가와 같은 중요한 사회 조직이 우리의 여정을 방해할 때 비순응적인 태도를 고집한다면 심각한 결과가 일어날 수 있다. 그리고 그에 맞서는 것이 아주 어려운 일이 될 수 있다. 실직, 추방, 폭행, 공개적인 비웃음, 소외 등의 위협을 감당해야 하거나 이런 위험에 맞서 어려운 결정을 내려야 할 수도 있다. 때로는 어떤 그늘진 문화로부터 벗어나는 결단을 해야 한다.

많은 사람들이 정치적 입장 차이와 종교적 신념 등을 이유로 기존의 공동체를 떠날 결심을 한다. 사람들을 착취하는 군사독재 체제인 국가로부터 개인이나 가족 단위로 탈출을 시도하기도 한다. 그리고 노동자의 인격을 무시하는 직장을 떠나기도 한다. 때로는 시기가 맞지 않아 결정을 미루기도 한다. 가령 실업률이 높은 나라에서는 부유한 나라에서보다 직장을 떠나는 것이 어려울 수 있다.

하지만 인권을 무시하는 정권에 반대하고 좀 더 나은 사회 체제를 지향하려는 움직임은 늘 있었다. 그리고 그림자 문화에 속해 있더라도 뜻을 같이 하는 사람들과 친교를 맺는 것 또한 진정한 나를 찾아가는 여정에 큰 도움이 된다.

그림자 행동은
그들의 소유일 뿐

다른 사람의 그림자 행동은 그의 소유이다. 기본적으로 우리와는 관계가 없다. 그러나 그늘진 곳에서 누군가에게 의존해 있을 때는 다른 사람의 그늘진 반응을 우리와 관련한 것으로 해석하고 거기에 순응하거나 반발하게 된다. 독립된 상태를 유지하고 있을수록, 다른 사람의 그림자 행동으로부터 더 멀리 벗어나게 된다. 이것은 안정된 자아의식을 유지하고 다른 사람들의 그림자 세계에 속하지 않도록 자신을 지키고 있을 때 가능하다. 이때 자기 자신과 그늘 속에 있는 사람 모두 안전한 장소에 머문다. 다른 사람의 방어적인 행동을 자기 것으로 착각할 때, 의사소통은 즉각 중단된다. 그리고 스스로 그림자 속으로 떨어지며, 상대방 또한 아무런 발전 없이 그림자 안에 머물게 된다. 우리는 자기 존재의 빛 안에 있을 때, 다른 사람에게 자신의 이해심과 동정심을 확신시킬 수 있다.

이 과정을 쉽게 알려주는 사례를 하나 들어보자. 상대방이 "넌 언제나 자기 방식만 고집해"라고 불평한다. 이때 나는 그림자 행동에서 한 걸음 물러서서 이렇게 말한다.

"어째서 내가 항상 내 고집만 세운다고 생각하지?"

다시 상대방은 "우리는 항상 네가 원하는 일만 하고 네가 가고 싶은 곳만 갔어"라고 답한다. 이때 다시 이렇게 말하고픈 유혹을 느낄 것이다.

"네가 늘 마음을 정하지 못하니까, 누군가는 결정을 해야 했지."

그러나 이렇게 답하는 편이 좋을 것이다.

"그렇게 느꼈다니 유감이야. 네가 원하는 걸 알고 싶어."

이 경우는 순응하거나("물론, 네가 옳아. 내가 그렇게 생각하는 줄 몰랐어"), 반발하지("누군가는 결정을 해야 해") 않은 것이다. 그러므로 상대방은 자기 욕망대로 할 기회가 있었음을 어느 정도 인식하게 된다. 이때 상대는 이렇게 응답할 수 있다.

"내가 원하는 것을 보다 분명히 표현해야겠어."

이럴 때 "나도 그게 좋아"라고 동의함으로써 열린 대화가 자리를 잡는다.

상대방이 그늘진 반응을 고집할 때, 거리를 두고 확실히 자기 뜻을 밝히는 것은 아주 중요하다.

"네가 원하는 것이 무엇인지 기꺼이 들어주겠지만 그 책임까지 떠맡을 수는 없어."

여행을
지속하기 위하여

내면을 향한 여행은 존재와 생활의 충만감을 숨김없이 표현하는 길이다. 그리고 자아를 깨닫는 것은 그림자 안에 남아 있으려는 사람들과 문화의 힘에 대항하는 것이다. 이러한 힘은 매우 강력하기 때문에 지지자를 찾는 것이 중요하다. 깊은 어둠 안에 있는 사람은 자아를 깨닫기 위한 여행을 시작한 사람에게 도움이 되지 못한다. 오히려 무의식적으로 진전을 방해하는 일을 도모한다. 하지만 그 의도는 자아 깨닫기를 방해하는 것이 아니다. 어떤 식으로든 그들이 우리에게 의존해 있기에 이런 일이 생기는 것이다. 대부분의 인간관계, 가족, 친구, 직장 동료, 공동체, 또는 잠시 만난 사이에서도 서로 의존하는 경향이 있다. 그리고 양쪽 중 어느 한쪽이 성숙한 방향으로 움직이면 상호 의존 관계는 위협받는다.

때로 여행의 지지자를 찾기가 가장 힘든 곳이 가정일 수 있다. 놀라운 일이 아니다. 그림자 자아의 근원이 가정에 있는 경우는 흔하다. 부모와 마찬가지로 배우자나 파트너도 자신들의 그림자로 우리의 존재를 어둡게 할 수 있다.

중요한 인간관계에서 지지 세력을 찾을 수 있을 때 상황은 아주 달라진다. 지지를 요청하는 것은 나를 대신해줄 누군가를 찾는 것이 아니다. 지지한다는 것은 이 어려운 일을 계속할 용기를 주고, 이 과정으로 삶이 변할 것이라고 이해해주는 것이다. 살다 보면 그림자 자아가 우리를 장악한 것처럼 느껴질 때가 있는데, 이러한 상처, 분노, 우울, 고독의 시기에는 이해와 지지가 꼭 필요하다. 때로는 전문가의 도움이 필요할 수도 있다. 이때 전문가는 우리의 내적 과정에 철저히 참여해야 하며, 우리의 과거가 자아를 깨닫는 여행에 미치는 영향력을 이해할 수 있어야 한다. 특히 도움을 주는 사람은 신성한 존재를 지키기 위해 만들어낸 그림자 자아의 지혜를 믿을 수 있는 사람이어야 한다.

스스로 자아 깨닫기와 열린 하부 문화, 사람 중심의 직장, 사람과 사회가 함께 발전하는 강좌, 공동체를 돌보는 모임, 영적 가르침, 명상 등을 지향하는 사람을 찾아야 한다. 우리를 고양시키는 독서, 음악 감상, 영화 관람으로도 도움을 받을 수 있다. 안정감과 평화를 느낄 수 있는 장소를 찾는 것도 좋다. 아름답고 깨끗한 바다, 숲, 산, 호수, 강, 수목원 등을 예로 들 수 있다.

자아를 깨닫기 위해 나아갈 때 인간관계, 일, 공동체, 종교, 교육, 건강, 평화 등에 대한 시각이 변할 수 있다. 겪어보지 못한 색다른 경험이나 이전에는 관심 없던 사람에게 끌리기도 한다. 이 모든 것이 여행을 지지하는 역할이 될 수 있다.

사랑이 무엇인지 알기 위해서 꼭 사랑을 받아야만 하는 것은 아니다.
하지만 사랑을 주고받는 경험은
자기를 사랑하는 데 필요한 전제 조건이다.

10

빛의 문화

사람은
섬이 아니다

자궁 안의 아기는 엄마의 신체적, 심리적, 사회적 안정감에 깊은 영향을 받는다. 자궁은 사람이 접하는 첫 번째 문화로서, 이 영향은 죽을 때까지 지속된다. 어떤 이는 사후까지 이어진다고 믿기도 한다.

우리의 욕구는 많은 부분 인간관계에서 충족된다. 어린이는 부모에게 깊이 의존하기 때문에, 부모와 자녀의 관계는 자녀의 자존감과 자녀가 스스로를 어떻게 생각하는가 하는 데 깊은 영향을 미친다. 친척, 이웃, 보모의 영향도 과소평가해서는 안 된다. 오늘날에는 아이들이 부모보다 보모와 더 많은 시간을 보내는 경우가 있기 때문이다. 보모와 아이의 관계는 어떤 식으로든 아이의 존재에 어두운 그림자를 드리울 수 있다. 이런 예는 흔히 눈에 띈다. 하지만 아쉽게도 부모 중에는 직장이나 부부 간의 문제 때문에 그림자 자아를 드러내는 자녀의 문제를 돌아볼 여유가 없는 사람들이 많다. 또 하나 관심을 가져야 할 문제는 형제자매끼리 서로의 존재를 억압하고 있는 경우이다.

자녀가 생길 때쯤 부모는 복잡한 인간관계에 얽히고 여러 사회 조직에 몸담게 된다. 이러한 관계들은 부모와 자녀와의 관계에 큰 영향을 미친다. 부모 사이의 관계, 가족과 친구, 이웃, 직장 동료, 성직자, 교사 등과의 관계는 어린이의 양육과 관련된 문제에 여러 가지 영향을 미친다. 이러한 관계가 지나치거나 부족할 때 어린이의 자아의식과 자존감에 나쁜 영향을 미칠 수 있다. 가정 안팎의 인간관계에서 고립되거나 심한 갈등에 빠져 환경이 몹시 불안정해질 수도 있다. 이러한 가정 문화의 영향으로 어린이는 자기만의 견고한 성 안에 자아를 꽁꽁 숨길 수도 있다.

어린이에게는 신체적, 정서적, 사회적, 성적, 지적, 창의적, 오락적, 영적 욕구를 들어주는 부모가 필요하다. 아이는 자라면서 가정의 울타리를 벗어나 교사, 친척, 또래 집단, 이웃, 직장에서의 인간관계로 뻗어나가는 가운데 자아에 대한 깨달음을 넓혀간다. 십대 청소년에게는 또래 집단의 인간관계가 절대적으로 중요하다. 이것은 친구를 사귀려는 욕구로 이어지고 젊은 성인들과 친분을 가지려는 욕구로 발전한다. 이러한 인간관계가 어떤 식으로 발전하는가는 초기의 인간관계로부터 큰 영향을 받는다. 예를 들어 가족끼리만 밀착되어 외부인과의 접촉이 자유롭지 못한 가정의 자녀는 다른 사람들과의 인간관계로 발전하는 단계에서 어려움을 겪는다.

다른 사람들과의 인간관계에 대한 준비가 되지 못한 경우에도, 성장해나감에 따라 학업과 취업 문제로 인해 새로운 인간관계가 생기고 성인들과의 관계가 형성된다. 오늘날 많은 젊은이들이 과거와 현재의 인간관계, 그리고 사회와 문화의 제약 때문에 성인으로서의 책임을 짊어질 준비를 하지 못하고 있다. 그럼에도 불구하고 진지한 인간관계와 결혼 관계를 맺고 부모 역할을 떠맡게 된다. 성인 역할에 대한 준비 부족과 미숙함은 종종 냉담한 인간관계를 만들면서 악순환을 초래한다. 나와 타인의 제한된 시각을 반성하고 열린 시야를 가질 때만 악순환의 고리를 끊을 수 있다.

빛의 문화를 이루기 위해 가장 중요한 것은 어릴 적부터 안정되고 조건 없는 인간관계를 맺는 것이다. 친밀감이야말로 보살피는 문화를 이루는 필수적인 요소이다.

빛의 문화를 이루는 핵심

빛 속에 머물기 위해서는 조건 없는 사랑이 필요하다. 그러나 이것을 실천하는 일은 말처럼 쉽지 않다. 모든 인간 문제의 원인이 사랑의 부족과 관련 있다는 것은 의심의 여지가 없다. 하지만 문제는 아주 다양한 방식으로 나타난다. 여기서는 무엇이 사람의 참된 존재를 감추는지 아는 것이 매우 중요하다. 빛의 문화가 만들어지려면 자아의식과 조건 없는 사랑을 위축시키는 행동을 하지 말아야 한다. 빛의 문화는 조건 없는 친밀감을 보이는 사람들의 인간관계 속에서 나타난다.

　사랑이 무엇인지 알기 위해서 꼭 사랑을 받아야만 하는 것은 아니다. 하지만 사랑을 주고받는 경험은 자기를 사랑하는 데 필요한 전제조건이다. 종교가 세상을 지배하던 어두운 시대에 자신을 사랑한다는 것은 드러낼 수 없는 일이었다. 자기애는 끔찍한 징벌의 대상이었고 이런 사람에게는 '이기적인', '죄 많은', '나쁜', '사악한', '허영심이 강한', '자아도취' 같은 이름표가 붙었다. 당시의 교회도 자기애가 법보다 강력한 힘을 가졌다는 것을 알고 있었던 듯하다. 어두운 시대에 교회는 자아의 신성함을 일깨워주기보다 심판과 지옥불의 위협으로 교인들을 통제하려 했다. 이것은 인간의 영혼에 대한 모독이었고, 그 영향은 오늘날까지도 아래와 같은 그림자 반응으로 나타나고 있다.

- "어떻게 자기를 사랑하지?"
- "자기와의 관계란 것이 무엇을 뜻하는 걸까?"
- "이건 너무 이기적이지 않아?"

　하지만 이기심은 자기를 사랑하지 못하는 사람에게서 나타나는, 내적인 공허함을 채우려는 시도이다. "나는 아무것도 아니니까 당신이 내 삶을 지탱해줘야 해"라는 식으로 서로 얽혀서 의존하는 관계를 주변에서 흔히 볼 수 있다. 많은 사람들이 참 자아로부터 멀어진 공허감을 채우려고 여러 방법을 찾는다. 술, 음식, 일, 사교, 성공, 도박, 종교, 약물, 운동 같은 것들이다.

각각의 문화는 친밀감이 그 구성원에게 무엇을 의미하는지 보여준다. 그리고 모든 문화의 리더는 구성원의 욕구에 적절한 반응을 보여줄 의무가 있다. 또한 자원은 넉넉하든 제한되어 있든 모든 구성원에게 투명하고 공정하게 나누어져야 한다.

오늘날 가정, 학교, 교회, 직장 문화, 복지기관 등에서는 개인이 겪는 폭력에 무관심한 사례를 찾아볼 수 있다. 낮은 자존감과 어두운 자의식에 사로잡힌 리더는 사람들에게 그림자를 드리울 뿐이다. 이 때문에 리더들은 사회적으로 중요한 역할을 맡기 전에 준비와 훈련이 필요하다. 이러한 훈련을 거쳐 자신의 내면과 다른 사람들의 인격, 권리, 욕구를 어떻게 볼 것인가에 대한 통찰력을 갖춰야 한다. 하지만 유감스럽게도 대부분의 리더는 이러한 훈련을 받지 않는다.

흔히 자신에 대해 긍정적인 견해를 갖는 사람은 다른 사람들의 행복에도 저절로 관심을 가진다고 생각한다. 하지만 이것은 심리학적인 궤변이다. 개인과 집단의 사회적, 교육적, 지적, 직업적, 신체적 그리고 정치적 발전은 매우 복잡하기 때문이다. 이를 이해하기 위해서는 사회와 정치 제도에 대한 깊이 있는 지식이 필요하다.

이와 비슷한 또 한 가지 궤변이 있다. 건강한 사회적, 정치적 구조가 개인의 충만감을 보장한다고 가정하는 것이다. 훌륭한 리더는 사람들이 물리적인 측면뿐만 아니라 내면세계에 대한 배려를 원한다는 사실을 잘 안다.

깊고 넓은
빛의 문화

빛의 문화는 친밀하되 잠식하지 않고, 돌보되 개인의 자유를 해치지 않고, 포용하되 지나치게 간섭하지 않고, 필연적으로 발생하는 경제적, 사회적, 종교적, 교육적, 과학적, 기술적, 직업적 변화에 책임을 지는 문화이다. 각각의 문화는 특정한 역할을 갖는다. 하지만 사람이란 문화적 분류에 꼭 들어맞는 존재가 아니기 때문에 특정한 문화 활동에 대해서는 포괄적인 시각으로 바라보아야 한다. 직업의 전문화는 사람들을 부분으로 나누는 결과를 초래했다. 그리고 직업 전문가들은 인간의 행동을 우물 안 개구리처럼 대했다. 그들은 노동자를 자원으로만 보는 경향이 있다. '인적 자원 관리'라는 용어를 떠올려보라. 또한 노동자들이 개인적, 가족적, 사회적, 종교적, 문화적 욕구와 신념을 갖고 있다는 사실을 간과했다. 사람을 전체적으로 보지 않는 직장은 조직과 직원들 간의 문제를 풀지 못하고 계속 쌓아간다. 마찬가지로 인지적, 직업적 기술의 발달이란 측면에서만 교육을 바라보는 학교는 학생과 교직원의 신체적, 정서적, 사회적, 성적, 영적 성장을 무시한다.

가족의
빛

건강한 가정 문화를 이루기 위해서는 먼저 부모 자신이 자아를 소유하고 다른 사람으로부터 독립성을 유지해야 한다. 독립성은 사회에 대한 인식의 부족함을 의미하지 않는다. 자기가 속한 문화의 믿음, 가설, 전통, 가치들이 정당한가를 따져서 여러 사항들을 결정하는 것을 의미한다. 문화 규범에 대한 순응은 진지한 분석을 따라 일어나지 않는다. 문화의 구성원들, 특히 리더는 자기 내면의 목소리를 듣고 문화적 믿음과 관례가 자신의 직관에 부합하는지 생각해보아야 한다. 그렇지 않으면 결정하기가 어려워진다.

자녀에 대한 사랑이라는 확고한 기반이 있을 때, 부모는 아이들이 잠재력과 재능을 실현하려는 욕구를 알아채고 반응할 수 있다. 개인성은 성숙한 가정을 이루는 초석이다. 스스로 개인성을 실현한 부모는 자녀로부터 비슷한 특성을 찾아 길러줄 수 있다. 더불어 부모는 자녀가 주변의 다양한 문화에 적응해야 한다는 사실, 그리고 사회 제도에 진입하기 위한 준비와 교육이 필요하다는 사실도 인식해야 한다. 아이가 가정 바깥의 세계에 적응하는 가장 좋은 방법은 적응하고 발전하는 데 필요한 믿음과 활동을 부모가 모범으로 보여주는 것이다. 부모는 아이에게 문화의 어두운 측면을 알려주어야 한다. 그리고 독립심과 분별력, 자아 깨닫기를 위협하는 어둠에 저항하는 힘을 길러주어야 한다.

건강한 가정은 모든 가족 구성원이 골고루 발전할 수 있는 기회를 제공한다. 어떤 사람도 다른 사람보다 더 중요하지 않다. 아버지들은 너무나 오랫동안 가정의 중심에 있었다. 이러한 가정의 남자 아이는 흔히 여자 아이보다 자신이 더 중요하다는 생각을 갖고 자란다. 하지만 실제로는 많은 여성들이 자녀를 위해 자신이 발전할 수 있는 기회를 미루고 있다.

현대 사회에는 가족의 본질에 도전하는 심각한 문제가 많이 불거지고 있다. 이혼이나 별거로 인한 편부모, 동성 부모, 재혼 부부, 첫 번째 결혼과 두 번째 결혼의 자녀를 따로 둔 부부 등이다. 또한 아버지 없는 가정이 많아지는 것도 걱정스러운 현상이다. 여성들 중에는 "여자들이 늘 부모 노릇을 해왔는데 그런 게 무슨 문제인가?"라고 말하는 사람도 있다. 하지만 연구에 따르면 자녀에게 안정된 부부 관계를 주축으로 한 가정에 비할 것은 아무것도 없다고 한다. 부모 역할은 정말 어렵다. 따라서 그것을 두 명의 책임감 있는 어른이 분담하는 것이 합리적이다. 아버지 없는 가정의 문제에 대해서는 정부와 사회 기관에서 진지하게 대안을 찾아야 한다. 남성들도 자녀를 함께 양육할 수 있도록 주변의 격려와 지지를 받아야 한다.

남성성과 여성성 어느 한쪽에 치우친 것은 개인의 발전에 도움되지 않는다. 남성과 여성 모두 고유한 존재의 충만함을 향해 나아가야 하는데, 이것은 자아의 남성성과 여성성을 모두 포용하는 것을 의미한다. 여성과 남성이 가족의 리더 역할을 효과적으로 수행하려면 인간의 특성이 무한히 확장될 수 있다는 사실을 받아들여야 한다. 남성이 여성적인 면을 개발하는 것이 남성성을 잃는 것을 의미하지는 않는다. 마찬가지로 여성이 자신의 남성적인 면을 탐험한다고 해서 여성성이 위축되는 것도 아니다. 성숙한 부모는 양성의 특성을 모두 간직한다.

친밀한 관계에 있는 가족은 사람과 행동을 뚜렷이 구분한다. 이들은 신성한 자아가 조건에 얽매이지 않고, 무조건적인 사랑을 받을 가치가 있으며, 어떤 행동으로 인해 손상되지 않음을 잘 알고 있다. 부모가 이러한 사실을 실천하기란 쓴 약을 삼키는 것과 같다. 개인적인 경험과 기존의 가족 문화 때문에 행동이 곧 가치의 척도로 인식되기 때문이다. 이러한 조건은 불안을 불러일으키고 자아를 깨닫는 여행을 떠나는 이들의 발목을 잡는다.

행동은 우리의 내면과 외부 세계를 탐험하는 수단이다. 하지만 그것이 사람의 가치를 평가하는 기준이 될 수는 없다. 하나의 인격체와 그 인격체의 행동을 혼동하지 않을 때, 부모들은 자녀가 책임 있는 행동을 하도록 도울 수 있다. 자녀들은 있는 그대로 사랑받고 있음을 느낌으로써 안도감을 누린다. 그리고 아무도 자신을 배척하거나 모욕할 수 없으며, 배움을 향한 모험과 도전이 위험한 것이 아니라는 사실을 깨닫는다.

유아가 가진 호기심과 배움의 열정은 경이롭다. 그야말로 신이 인간에게 준 선물이라 할 수 있다. 그러나 부모 중에는 자녀가 어떤 것을 성취하고 좋은 행동만 하길 바라거나, 자녀의 행동이 기대에 못 미쳤을 때 심한 체벌을 가하고 자녀를 미워하는 이들이 있다. 유아의 타고난 호기심과 열정은 이러한 부모로 인해 사라지거나 위축될 수 있다. 행동이 곧 그 사람은 아니라는 사실을 깨닫는 것은 매우 중요하다.

부모의 역할은 조건 없이 자녀를 사랑하는 것 이상이다. 여기에는 자녀가 자신의 내면과 외부 세계를 탐험하고, 자기는 물론 다른 사람과 평화롭게 지내도록 돕는 역할도 포함된다. 부모는 자신과 자녀의 신체적, 성적, 정서적, 사회적, 지적, 교육적, 행위적, 직업적, 유희적, 영적 발전의 본질을 이해해야 한다. 하지만 안타깝게도 부모라는 막중한 책임을 감당할 준비가 된 젊은이는 그리 많지 않으며, 훈련시켜줄 사회 시스템 역시 제대로 갖춰져 있지 않다. 이러한 시스템이 생겨난다면 여러 가지 문제를 확실히 줄일 수 있다. 훈련 과정은 자녀의 성장에만 초점이 맞추어져서는 안 된다. 부모가 가정의 지휘자라는 인식을 바꾸는 면에도 신경을 써야 한다. 진정한 진보는 부모의 역할이 사회의 근간을 이루는 중요한 일로 인식될 때 이루어질 수 있다.

이혼율이 증가한다고 해서 그것이 반드시 가정 붕괴 현상으로 이어지는 것은 아니다. 하지만 갈등 관계에 있는 부부가 서로의 차이를 해소하지 못할 때 자녀는 고통을 겪는다. 결혼 관계를 유지할 수 없다고 해서 부모의 역할과 가족에 대한 책임을 저버려서는 안 된다.

물론 이러한 문제를 성숙하게 처리하기란 어려운 일이다. 그리고 결혼 생활 실패라는 비극에 처한 사람에게는 적절한 도움이 필요하다. 또한 결혼 생활이나 친밀한 관계가 파국을 맞은 이유를 당사자가 찾아내야만 실패가 반복되지 않을 것이다. 어떤 부모가 되던 자신과 평화롭게 지내는 것이 부모 역할 수행의 기반이 된다. 결국 부모 역할의 성패 여부는 자기 자신에게 달렸다.

건강한 가정의 특징

- 조건 없는 사랑
- 자신과 안정된 관계에 있는 부모
- 부부 간의 화합
- 소유를 전제로 하지 않는 따뜻함과 애정
- 판단하지 않는 태도
- 그림자 반응 때문에 위협받거나 깨지지 않는 가족 관계
- 다른 사람들과의 진실한 인간관계
- 독립심
- 창의성
- 사람과 행동을 분리해서 생각한다.
- 삶과 타인에 대한 사랑을 표현한다.
- 가족 구성원들 각자의 개인성, 고유함, 가치, 매력, 능력을 자주 확인한다.
- 서로를 받아들인다.
- 서로의 가치를 인정하고 존중한다.
- 장점과 약점을 인정한다.

- 서로의 삶에 관심을 가진다.
- 서로의 요구에 적극적으로 귀를 기울인다.
- 노력을 격려하고 칭찬한다.
- 배움에 대한 사랑과 도전 정신을 기른다.
- 실수와 실패를 배움의 기회로 삼는다.

학교의
빛

학교는 개인이라는 존재와 구성원들의 집합으로 이루어져 있다. 학교 문화를 개선하려 할 때 직면하는 어려움 중 하나는 각 학급이 개별적인 문화를 이루면서 학교 전체의 문화를 직접적으로 반영하지는 않는다는 데 있다. 학교 전체의 문화가 구성원들의 존재를 위축시키는 상황일 때는 각 학급의 분위기가 오아시스 같은 역할을 할 수 있다. 하지만 반대의 상황인 경우에는 혼돈과 좌절이 만연하고 학생들은 보살핌, 존중, 뚜렷한 영역과 일관성의 부족 같은 문제로 고통받는다.

교장과 교사, 교직원과 학생 간의 관계는 인격적이어야 한다. 다음에 소개할 체크리스트는 교직에 몸담고 있는 사람으로서의 적합성을 확인하기 위한 것이다. 이 체크리스트는 현재 상황이 얼마나 효율적인가를 판단하고, 앞으로 도전해야 할 일들을 결정하는 데 활용될 수 있다. 어떠한 결점이든 직업적, 개인적 발전을 위한 기회가 될 수 있다.

그러므로 교사들이 취약점에 대해 도움을 구하는 것을 긍정적인 시각으로 보아야 한다. 하지만 아직까지는 평가와 비판에 대한 두려움으로 자신의 결점을 감추려는 교사가 많다.

자기 확인용 체크리스트

- 학생을 좋아하는가?
- 학생을 존중하는가?
- 학생을 이름으로 부르는가?
- 가르치는 행위에 도전 의식을 느끼는가?
- 배움을 위한 필수적인 과정으로서 성공과 실패를 동등하게 대하는가?
- 배움을 강제적인 것이 아닌 모험으로 여기는가?
- 학생의 학교 수업과 숙제에 관심을 가지며 잘못된 부분을 적극적으로 수정하는가?
- 수업 시간에 늦지는 않는가?
- 자신과 다른 사람을 존중하는가?
- 교실 안팎에서 학생과 대화를 나누는가?
- 학생의 말에 귀를 기울이는가?
- 교사와 학생의 권리가 침해당했을 때 확고한 행동을 취할 수 있는가?
- 어느 학생이 다른 사람의 권리를 침해하는 문제 행동을 할 때 문

제 학생을 지속적으로 이해할 수 있는가?

- 필요할 때 후원자를 구할 수 있는가?
- 문제가 발생한 초기에 부모와 연락을 취할 수 있는가?
- 자신의 교수법이 학생들을 고양시키고 있는가?
- 학생의 고유한 개인성을 받아들이고 인정하는가?
- 스트레스를 받을 때 해결책을 찾는가?

이 목록은 완전한 것은 아니다. 학교마다 형편에 맞는 체크리스트를 만드는 것이 좋다. 하지만 교사의 교육 스타일을 개발하는 데 필요한 공통분모가 존재한다. 이것은 교사의 자아의식과 관련이 있으며 성공과 실패에 대한 태도와도 관련된다. 학교 당국, 동료 교사, 교직원, 학생, 부모 등과의 관계 그리고 학생의 노력과 어려움에 대한 반응과도 관련이 있다.

학생과 부모가 교사의 책임감을 이해할 수 있다면 교사들에게 많은 도움이 된다. 특히 부모가 교사로 하여금 의무를 다할 수 있도록 지지해준다면 그것은 큰 도움이 될 것이다. 부모와 학생이 학교 문화의 결점을 알면 개선을 요구할 수 있다. 어떤 학생의 정서와 행동이 다른 학생과 교사를 방해하도록 방치되지 않고, 교사의 그림자 행동이 학생들의 학습과 정서적, 사회적 발달을 방해하는 일도 없을 것이다.

학교 문화에 대한 평가는 각 교사의 자기 평가를 보완해준다. 학교는 구성원을 존중하고 도전 의식을 갖게 하며 공정한 대우를 보장할

의무가 있다. 각 학교 문화는 고유하지만 학교 문화를 관리하는 데는 기본적인 공통분모가 있다.

건강한 학교 문화의 특징

- 교과 과정 중심이 아니라 인간 중심적이다.
- 인간관계를 우선시한다.
- 학습과 교수법이 학생과 교사들이 갖고 있는 자아상과 관련되어 있다.
- 각 학교 구성원들의 출석과 결석이 중시된다.
- 학생뿐만이 아닌 모든 구성원을 위한 교육 체제를 갖추고 있다.
- 민주적인 집단 의사 결정을 한다.
- 학업 성취보다 교육적인 차원의 노력을 중시한다.
- 실수와 실패를 배움을 위한 기회로 본다.
- 성공과 실패를 서로 관련된 개념으로 본다.
- 지성과 지식을 다른 문제로 본다.
- 배움을 긍정적인 과정으로 본다.
- 모든 구성원의 요구에 귀를 기울인다.
- 모든 구성원에게 관심을 갖는 지원 체계를 갖추고 있다.
- 변화에 개방적이다.
- 서로의 차이를 폭넓게 인정한다.
- 본질적으로 변화를 인정하는 운영 스타일을 갖고 있다.

이런 특징들은 구성원에게 가슴으로 다가가는 학교 문화를 만들 수 있도록 돕는다.

종교의
빛

건강한 종교 문화는 비록 자신과 종교가 다르다 할지라도 모든 사람의 신성성을 이해하고 지지한다. 모든 사람을 조건 없이 사랑하고, 자기 가치와는 무관하게 방어적인 태도를 취하는 사람에 대해 동정심을 나타낸다. 건강한 종교 문화에서 예배 장소는 고통받는 영혼을 위한 천국이다.

신도는 정죄함 없이 따뜻한 분위기에서 이해와 공감으로써 받아들여진다. 규범이 아닌 사랑에 관심을 두며, 성직자는 신도들이 자신의 신성성과 다른 이들의 가치를 인식하도록 돕는다. 또한 억압하는 것이 아니라 성직자들이 모범을 보임으로써 사람들을 이끈다.

남성과 여성은 동등하게 성직을 맡을 수 있는 존재로 인식된다. 신은 인간을 남성, 여성, 어린이로 보지 않는다. 다만 인간으로 볼 뿐이다. 성직자는 영혼이 가난한 자, 억눌린 자, 병든 자, 죽어가는 자, 절망한 사람 들의 리더가 된다. 종교는 거칠고 위험한 바다에서 사람들에게 안전한 길을 밝혀주는 등대 역할을 한다.

건강한 종교 문화의 특징

- 무조건적인 사랑
- 지지
- 영성적
- 반성적
- 규범이 아닌 사랑에 초점을 맞춘다.
- 개인성을 길러준다.
- 차이점을 인정한다.
- 모든 사람을 신성한 존재로 본다.
- 모든 남성, 여성, 어린이를 인정하고 존중한다.
- 남성과 여성이 모두 성직을 가질 수 있다.
- 동정심을 가진다.
- 정죄하지 않는다.
- 불우한 이들을 끌어안는다.

직장의
빛

역사적으로 볼 때 직장에서 건강한 문화가 꽃피었던 적은 별로 없다. 하지만 건강한 회사라면 구성원들이 신체적, 성적, 정서적, 지적, 사회적, 직업적, 창조적, 영적 권리와 욕구를 갖는 고유한 인격체임을 인식하고, 이러한 욕구를 충족시키는 데 역량을 집중시킨다.

건강한 직장 문화는 인간 중심적이다. 그리고 모든 구성원에게 도움이 될 수 있는 보안, 안전, 도전 의식, 흥미 등의 기풍을 만들어간다. 건강한 회사는 생산성과 이윤보다 사람의 가치와 그에 대한 지원이 중요하다는 사실을 안다. 또한 사원들의 그림자 자아가 창의성, 생산성, 리더십에 깊은 영향을 미친다는 사실을 인지하고 있다.

건강한 회사는 고용주와 고용인의 자아의식을 높이는 인간관계를 만들기 위해 노력한다. 따라서 자존감이 낮은 사람에게 특별한 관심을 기울인다. 자신의 가치와 잠재력을 인식하는 데 필요한 지원과 도움을 제공함으로써 고용인을 격려한다.

이러한 직장 문화 안에서 노동조합은 모든 직원의 개인성과 가치, 무한한 잠재력을 인식하고 이들에게 긍정적인 이미지를 심어주려고 노력한다. 직원들이 지닌 방대한 지적 잠재력을 깨닫게 하고, 기술이나 지식과 지적 능력을 혼동하지 않도록 지지한다. 실패와 성공을 업무상 동등한 과정으로 보고 작업을 위한 노력과 애정을 높이 평가한다. 또한 일의 성과와 마감 시간에 집착하거나, 실적을 비교하고 다른 회사와의 경쟁을 강조하는 과정에서 빠질 수 있는 함정을 인식한다.

또한 건강한 회사는 모든 간부와 사원들 사이에서 서로 존중하는 인간관계를 강조한다. 그리고 고용인들 사이나 고용주와 고용인 간에 결례되는 행동에 제재 규정을 두고 고용인의 복지 증진을 위해 힘쓴다. 이런 이유로 노동조합은 언제나 경영자보다 더 많은 힘을 갖는다. 단순히 경영자의 기능을 보조하는 것이 아니다. 스스로의 머리와 가슴으로 회사의 복지를 위해 일할 리더를 선택하는 것도 노동조합의 일이다.

경영자는 어려운 임무를 수행하는 데 많은 지원이 필요하다는 사실을 알고 있으며, 긍정적인 정책과 활동에 지원을 아끼지 않는다. 진정한 리더십은 단순한 업무 지식이나 전문 기술을 넘어서 고용인을 이해하고, 그들에게 동기를 부여하며, 신뢰와 헌신을 끌어낸다. 이를 위해서는 경영자가 강한 자의식과 단단한 자존감, 타인으로부터의 독립성, 일에 대한 균형 감각을 갖춰야 한다. 건강한 노동조합은 경영자를 신중히 선택한다.

건강한 회사는 가장 가치 있는 자산이 직원이라는 사실을 알고, 업무로 인해 직원의 존엄성과 가치관이 손상되지 않도록 애쓴다.

건강한 직장 문화의 특징

- 직원의 신체적, 성적, 지적, 사회적, 창의적, 영적 안전을 위한 지원
- 직원의 권리 인식
- 모든 직원에 대한 존중
- 융통성 있는 경영 스타일
- 사람 중심의 기풍
- 조직이 원하는 직장의 모습에 대한 명료한 시각
- 모든 구성원을 위한 책임 관리 체계
- 직원과 경영자 사이의 직접적이고 명료하며 쌍방향적인 의사소통

- 가족 친화적인 문화
- 균형 잡힌 생활양식의 장려
- 취약점을 드러내는 사람의 진보를 위한 관리 체계
- 공동체의 적극적인 역할
- 좋은 작업 환경 조성
- 직원들의 노력에 대한 가시적인 평가
- 공정한 임금
- 노동조합이 갖고 있는 노동자에 대한 비전이 잘 알려져 있다.
- 직원들의 책임감이 결여되어 있을 때 구심점이 되어준다.
- 개인과 집단의 목표를 향해 직원들이 힘을 모은다.
- 영적 의식의 개발과 믿음이 제한되지 않도록 유의하고, 개인의 책임감과 문제 제기를 중요하게 여긴다.
- 직원들의 잠재력을 믿고 그들의 재능을 활용할 적절한 환경을 조성한다.
- 실수와 문제점을 적극적으로 확인하고 거기서 배운다.

진정한 나의 삶을 살아가자

진정한 나를 찾는 것은 개인의 성숙을 이루는 데 핵심적이다. 그뿐만 아니라 건강한 문화와 사회를 만들어가는 데 중요한 역할을 한다. 이 책을 읽으면서 지난 삶의 여정에서 진정한 나를 찾는 데 지지와 격려가 부족했다고 느꼈다면, 나의 삶을 사는 것 또한 두렵게 느껴질 수 있다. 진정한 나로 사는 데 대한 위협은 자아 계발을 방해한다.

진정한 나의 삶을 사는 데 대한 위협은 가족, 학교, 지역 공동체, 직장, 교회, 또래 집단 등의 여러 사회 체제와 하부 문화 그리고 국가 같은 포괄적인 국면에 모두 존재한다. 자아는 그런 위험성을 알고 있으며 충분히 안전하다고 느낄 때만 두려움에서 벗어나 자유로운 길을 걷기 시작한다.

인적이 드문 길을 선택한 사람이 얻는 기쁨과는 별도로 진정한 나를 찾는 것은 모든 개인, 사회 제도, 문화에 이익을 준다. 개인이 자신의 신성한 삶을 자유롭게 살아갈수록 다른 사람들에게 더 많은 잠재적인 이익이 돌아간다. 자기가 살아가는 세계의 넓이가 아무리 좁더라도, 일상생활에서 고유한 존재를 온전히 표현한다면 주변에 긍정적인 영향을 미치며 마침내 세상 전체에 영향을 미치기 시작할 것이다.

참 자아가 모습을 드러내도록 정서적, 신체적, 성적, 지적, 사회적, 창조적, 직업적, 영적으로 안전한 조건을 만드는 것은 개인과 집단 모두의 책임이다. 이 문제를 가볍게 취급해서는 안 된다. 이것을 소홀히 하면 엄청난 고통과 개인적 손실이 생기며, 사람들의 조화와 성숙, 창의성과 능력에 막대한 손해를 가져올 수 있다. 진정한 나를 찾는 것은 평생에 걸친 총체적 도전이다. 따라서 자아를 탐험할 기회와 방대한 잠재력, 재능은 인생의 모든 단계에서 활용되어야 한다.

부모와 교사는 특히 진정한 자신을 찾는 책임을 진지하게 받아들이고 어린이가 자신의 삶을 살아갈 수 있도록 모범을 보여야 한다. 어린이들은 그 과정을 따라감으로써 내면세계를 향한 여행을 지속할 수 있다. 지역 공동체, 종교 단체, 사업체 그리고 국가의 지도자를 선출할 때에도 자존감과 자아 인식을 고려해 성숙한 지도자를 뽑아야 한다.

변화해야 하는 것은 드러나는 행동이 아니다. 스스로를 자유롭게 하는 면에서 가장 중요한 것은 드러내지 못하는 것들이다. 멀고 가까운 생활환경을 깊이 성찰하고, 참 자아를 드러내지 못하고 있는지 알아내는 것은 자신의 몫이다. 더 나아가 이러한 성찰을 통해 자아 표현을 위협하는 사람과 인간관계, 장소도 알아야 한다. 진정한 나를 표현하는 면에서 안전한 사람이나 장소도 알아내야 한다. 이들이 자아를 깨닫는 여행을 지원할 수 있다.

우리의 자아는 고유하고 직관적이며, 매우 지적이고 재능이 넘치며, 포용력 있고 영적이며, 사랑스럽고 가치 있으며 소중하다. 삶에 성실히 임하는 것은 우리의 권리이자 책임이다. 책, 음악, 파트너, 직장, 교사, 강좌, 친구, 모임 등 여행에 도움이 되는 것은 무궁무진하다. 자신의 존엄성을 지킬 수 있는 인간관계, 직업, 직장을 구할 수 있으면 큰 도움을 얻을 수 있다. 참 자아를 회복하기 위해서는 존재를 어둡고 비참하게 하고 위축시키는 사람이나 사회 체제에 대해 결단력 있는 행동을 취해야 할 수도 있다. 진정한 나를 찾는다는 것은 흥미진진하지만 길고도 고통스러운 여정이다. 하지만 참 자아가 숨겨진 채 발견되지 못하고 방치되는 것은 더욱 큰 고통이다. 진정한 나를 찾는 여행이 항상 즐겁지는 않다는 사실을 인내심을 가지고 받아들여야 한다. 이 여행에서는 앞으로만 나가지 못하고 뒤로 후퇴할 때도 있다. 여행을 시작하는 데 필요한 도움을 구하라. 그리고 한계를 넘어 한 걸음씩, 내면 세계에 숨겨진 자아를 찾고, 있는 그대로의 자신을 받아들이자.

있는 그대로 살아도 괜찮아

자존감 심리학

초판 1쇄 발행 2017년 4월 10일
초판 4쇄 발행 2023년 1월 1일

지은이 토니 험프리스
옮긴이 이한기
펴낸이 김선식

경영총괄 김은영
콘텐츠사업4팀장 임소연 **콘텐츠사업4팀** 황정민, 옥다애, 백지윤
편집관리팀 조세현, 백설희 **저작권팀** 한승빈, 김재원, 이슬
마케팅본부장 권장규 **마케팅4팀** 박태준, 문서희
미디어홍보본부장 정명찬 **홍보팀** 안지혜, 김민정, 오수미, 송현석
뉴미디어팀 허지호, 박지수, 임유나, 홍수경, 김화정 **디자인파트** 김은지, 이소영
재무관리팀 하미선, 윤이경, 김재경, 안혜선, 이보람
인사총무팀 강미숙, 김혜진, 황호준
제작관리팀 박상민, 최완규, 이지우, 김소영, 김진경, 양지환
물류관리팀 김형기, 김선진, 한유현, 민주홍, 전태환, 전태연, 양문현, 최창우

펴낸곳 다산북스 **출판등록** 2005년 12월 23일 제313-2005-00277호
주소 경기도 파주시 회동길 490 다산북스 파주사옥 3층
전화 02-702-1724 **팩스** 02-703-2219 **이메일** dasanbooks@dasanbooks.com
홈페이지 www.dasanbooks.com **블로그** blog.naver.com/dasan_books
종이 한솔피앤에스 **인쇄** 민언프린텍 **제본** 정운바인텍 **후가공** 평창P&G

ISBN 979-11-306-1034-4 (03180)

다산북스(DASANBOOKS)는 독자 여러분의 책에 관한 아이디어와 원고 투고를 기쁜 마음으로 기다리고 있습니다.
책 출간을 원하는 아이디어가 있으신 분은 다산북스 홈페이지 '원고투고'란으로 간단한 개요와 취지, 연락처 등을 보내주세요.
머뭇거리지 말고 문을 두드리세요.